Christina Reindl

Ein Appaloosa macht das Leben BUNTER

Wie ein Pferd mein Leben veränderte

Nähere Infos unter:
www.animental-vibes.com

1.Auflage
Erscheinungsdatum Dezember 2018

Herstellung:
Mails & More
Oppl GmbH

ISBN: 978-3-9504713-4-2

Warum schreibe ich dieses Buch?

Ich möchte dir eine Geschichte erzählen.

Seit mittlerweile drei Jahren ist meine wundervolle Appaloosastute Ruby bei mir. In dieser Zeit hat sich meine Welt komplett auf den Kopf gestellt. Mein gesamter Tagesablauf hat sich umgekrempelt und meine Einstellung zum Leben ist eine völlig andere geworden. Nicht jede einzelne Geschichte in diesem Buch hat zu 100 Prozent mit Pferden zu tun, denn, in diesen drei Jahren sind viele unterschiedliche Dinge passiert. Manche haben mich mit Glück durchflutet, andere wiederum haben mich tieftraurig gemacht und an den Rand der Verzweiflung gebracht. Doch all diese Ereignisse haben mich zu dem Punkt geführt, an dem ich heute stehe und alles lässt sich auf ein Ereignis zurückführen. Die Entscheidung ein Pferd zu kaufen. Mehr als unbewusst habe ich eine Reise gestartet, die mich auf eine emotionale Achterbahn geschickt hat. Aber eins kann ich euch mit Sicherheit sagen. Hätte ich damals gewusst, welche Kette von Ereignissen ich mit der Unterschrift auf dem Kaufvertrag in Gang gesetzt habe, wäre ich damals der Frau, die mir Ruby verkauft hat, um den Hals gefallen und hätte eine riesige Party geschmissen. Komm nun mit und begleite mich durch die drei wohl aufregendsten Jahre meines Lebens.

Los geht`s!

Zu manchen Kapiteln dieses Buches findest du auch

passende Videos auf meinem YouTube-Kanal.

Hier gibt's den Link zur Playlist: https://bit.ly/2Ae98td

Deine Christina

I

Fragst du 100 Pferdemädchen, wie sie sich ihre Traumkindheit vorstellen, würdest du wahrscheinlich mehr als einmal eine bestimmte Antwort bekommen: „Es wäre der Hammer gewesen, wenn ich mein Pony zu Hause gehabt hätte. Ich wäre immer reiten gegangen, wenn ich Lust dazu gehabt hätte!"

Um ehrlich zu sein, dieser Satz beschreibt meine Kindheit eigentlich sehr gut. Als ich ein kleines Mädchen war, hatten wir zwei Shetlandponys zu Hause. Eine schwarze Stute namens Susi und einen schwarzen Scheckwallach namens Lukas. Meine Eltern hatten diese bereits Jahre vorher für meine große Schwester Cornelia gekauft. Ich selbst war von Anfang an total in jede Art von Tieren vernarrt. Ob das jetzt unsere Katzen, unser Hund oder eben die Ponys waren, ich liebte Tiere! Somit wurde ich recht früh, also im Kleinkindalter, auf unsere Stute gesetzt. Sie war eine Seele von Pony und durch nichts aus der Ruhe zu bringen. Ich war begeistert! Nicht verwunderlich also, dass ich bald nicht nur oben sitzen, sondern auch „richtig" zu reiten beginnen wollte. An meine erste Reiteinweisung kann ich mich noch gut erinnern. Ich wurde auf Susi gesetzt, bekam die Zügel in die Hand mit folgenden wichtigen Worten: „Ziehst du rechts, geht sie rechts. Ziehst du links, geht sie links. Ziehst du an beiden gleichzeitig, bleibt sie stehen." Mehr gab es erstmal nicht. Aber wie gesagt, unsere Stute war ein richtiger Schatz und so ritt ich stolz durch unsere Obstgärten, immer schön Runde für Runde um unser Haus. Natürlich nur im Schritt, aber das war mir egal. Ich fühlte mich großartig und wollte nie wieder absteigen, auch nicht, als sich meine Blase immer mehr und mehr bemerkbar machte. Zum Glück hat mich meine Mama doch noch rechtzeitig von dem Pony herunterbekommen. Sonst wäre diese Geschichte wahrscheinlich nur halb so schön und vielmehr furchtbar peinlich.

Nichts desto trotz, meine Leidenschaft war geweckt. Von nun an wurde das Reiten, neben anderen Tätigkeiten mit unseren unzähligen anderen Tieren, zu einem festen Bestandteil meines Lebens. Ansonsten verbrachte ich die Zeit auch damit zum Beispiel mit meinen Katzen Puppen zu spielen (inklusive Windeln wechseln), mit unserer Hündin Cora aus einer Schüssel zu essen, Kaulquappen zu züchten und köstliche Breie für unsere Hühner zu kochen. Ihr seht also, ich war stets schwer beschäftigt und es war mein persönlicher Traum.

Als meine reiterlichen Fähigkeiten besser wurden, also Schritt UND Trab, war es für mich an der Zeit, auf unser zweites Pony Lukas (kurz Luki) umzusteigen. Dieser war das Fohlen von Susi, dementsprechend um einiges jünger und flotter. Für mich und meine Schwester war Susi immer ein braves Kinderpony gewesen und hatte sich somit zu diesem Zeitpunkt die Rente wirklich verdient. Mit Luki an meiner Seite ging es nun aber an den Galopp und ich schwöre euch, ich hatte echt einen großen Respekt davor. Irgendwie war das Ganze dann doch ein bisschen schneller als gewohnt und ich drückte mich eine ganze Weile davor.

Aber kneifen ging auf Dauer nicht und so haben wir es eines Tages dann probiert. Im Gelände bei einer schön ansteigenden Strecke, habe ich mich getraut und bin angaloppiert. Damit ihr euch diesen Moment etwas besser vorstellen könnt, gibt's von mir jetzt ein Beispiel. Stellt euch vor, ihr hättet noch nie in eurem Leben Schokolade gegessen. Alle schwärmen euch immer davon vor, aber ihr hattet immer Angst, dass euch sofort alle Zähne durch einem rapiden Kariesbefall ausfallen. Nichtsahnend und ganz unschuldig fällt euch dann durch Zufall eine Tafel in die Hand und ihr probiert sie. Kennt ihr diesen Moment, wenn man sich denkt: „Warum zur Hölle habe ich das nicht schon viel früher probiert?“ Es war ein Traum! Ich fühlte mich frei und ich liebte die Geschwindigkeit. Von da an gab es überhaupt kein Halten mehr. Jeden Tag nach der Schule schmiss ich meine Schultasche in die Ecke, schnappte mir mein Pony und dann ging es ohne Sattel und in einem Affenzahn rund um‘s Haus. Wenn ich all das rein sicherheitstechnisch aus heutiger Sicht betrachte, bin ich mir ziemlich sicher, dass ich wohl mit irgendwas ans Pony geklebt wurde, denn ich habe mir nie ernsthaft wehgetan. Natürlich stieg man das ein oder andere Mal ungeplant ab. Aber das Pony hatte ein stolzes Stockmaß von 98 Zentimeter, also war die Chance, dass ich mir tatsächlich wehtat ziemlich gering. Ein Fall aus meinem Bett hätte mehr weh getan.

Lukas gab immer alles für mich, denn er wollte beschäftigt werden. Sobald ihm langweilig wurde, begann er sogar zu zwicken. Jetzt könnte man sagen: „So ein Pony gibt man doch keinem Kind zum Reiten!“. Aber keine Sorge, ich kam klar! So gut sogar, dass ich gemeinsam mit meinem Papa (der hatte sich auch wieder ein Pferd gekauft) an Orientierungsreitwettbewerben teilgenommen habe. Dabei wurde zuerst ein mehrstündiger Ritt absolviert, bei dem man sich nur mit Karte und Kompass bewaffnet, durchs

Gelände navigieren musste. Anschließend fand ein Geschicklichkeitsparcours statt. Luki und ich waren stets die Kleinsten unter vielen großen Pferden, aber das hat unseren Ehrgeiz eigentlich nur angefacht.

Zwei Geschichten sind mir dabei noch besonders in Erinnerung geblieben. Zum einen gehört es zu solchen Parcours dazu, eine Wasserstelle zu durchqueren. Die war nicht sonderlich tief, aber eben trotzdem für Großpferde angelegt. Luki war nie wasserscheu (wir hatten zu Hause einen Bach der durch die Koppeln ran, er war daher an Wasser gewöhnt) und deshalb ist er auch ohne zu zögern ins Wasser hinein gegangen. Das Wasser selbst ging ihm dann gut bis zum Bauch, also meilenweit davon entfernt, dass er schwimmen musste. Allerdings sind Ponys eben neugierig und Luki musste seinen Kopf einmal richtig ins Wasser tauchen. Dabei blieben Wasserlinsen (das sind kleine grüne Wasserpflanzen) hängen und er hatte diese nun bis unter die Augen verteilt. Die Wasserstelle war etwas abseits, wodurch die meisten Menschen nicht gesehen haben, wie sein mit Grünpflanzen übersätes Gesicht zu Stande kam. Dadurch wurde der Eindruck erweckt, als seien wir mutig durch den ganzen Teich geschwommen. Luki stand das Wasser immerhin bis zum

Auge. Am Kopfkino dieser Personen, hätte ich nur zu gerne teilgenommen.

Die zweite Geschichte fand ich tatsächlich noch erstaunlicher. Ein weiteres Hindernis in diesem Parcours war der „Bergaufsprung an der Hand". Hierzu stellte man sich selbst auf eine große Stufe, die meistens extra aus Erde aufgeschüttet wurde oder direkt ins Gelände gebaut war. Die Stufe hatte eine Höhe von zirka 70-80 Zentimeter. Nur zur Erinnerung – Luki hatte ein Stockmaß von 98 Zentimeter. Und wie schon der Titel vermuten ließ, musste das Pferd dann ohne den Reiter, aber mit den Zügeln in der Hand diese Stufe hinaufspringen. Ich war damals noch ein kleiner Knirps, aber für mich war klar, dass wir das genauso machen würden wie die anderen. Wir kamen also an die Reihe (drei Großpferde vor uns hatten demonstrativ verweigert). Ich selbst kletterte auf allen vieren diese Stufe nach oben und wollte mich gerade wiederaufrichten, als Luki auch schon nachkam. Er war so schnell an meiner Seite, dass ich mich noch gar nicht fertig aufgerichtet hatte. Da standen wir nun beide oben. Das hatten jetzt doch einige Menschen mitbekommen und wir bekamen von rundherum Applaus. Ich glaube, an diesem Tag waren wir sogar unter den ersten drei in der Jugendwertung. Die

Bemühungen von mir und meinem Kämpferpony hatten sich also mehr als gelohnt.

Doch auch die glorreichste Zeit ging zu Ende. Eins war nämlich in diesem Alter unaufhaltsam, mein Wachstum. Immer deutlicher zeichnete sich ab, dass ich für Luki langsam aber sicher zu groß wurde. Zu diesem Zeitpunkt hatte mein Vater leider seine Quaterstute bei einem Koppelunfall verloren und auch er suchte nun nach einem Nachwuchspferd. Da er bei seiner Stute immer wieder mit den Geistern aus ihrer Vergangenheit zu kämpfen hatte, wollte er dieses Mal ein unverdorbenes Pferd. Ein Pferd, dass noch nie schlechte Erfahrungen gemacht hatte, dass neugierig und unvoreingenommen auf die Welt zuging. Somit wurde die Entscheidung gefällt, dass bei uns zwei junge Fohlen einziehen würden. Ich war extrem aufgeregt. Schließlich hat man so eine Situation nicht alle Tage. Von Freunden wurde uns eine Stutenmilchfarm empfohlen, die jedes Jahr dutzende Fohlen bekam und diese verkaufte. Der Besuch auf diesem Hof hätte wohl bei so manchen Pferdemädchen einen Glückskollaps ausgelöst. Dort liefen auf riesigen Koppeln schätzungsweise dreißig Stuten mit ihren Fohlen herum. Eigentlich hätte man nur blind durchgehen und sich einfach eines greifen müssen. Wie

Fohlen so sind, müssen sie alle Besucher selbstverständlich begrüßen. Ich war umringt von Babypferden und ich sollte mich für eines entscheiden? Es waren doch alle süß. Ganz so einfach ging es dann doch nicht. Ein befreundeter Pferdetrainer und mein Papa haben die Fohlen ausgesucht, nachdem sie alle so gut wie möglich (Fohlen können im Wachstum einen ziemlich chaotischen im Körperbau haben) begutachtet hatten. Die Fohlen waren übrigens keine Rassepferde, sondern lauter Mischungen aus den verschiedensten Rassen. Sie hatten aber einen Paint-Hengst, wodurch hauptsächlich gescheckte Fohlen herumtollten. Das war meinem Papa gerade recht, dem gefielen Schecken sowieso am besten.

So zogen einige Wochen später zwei siebenmonatige Stutfohlen bei uns ein. Das Pferdebaby für mich war eine Mischung aus Haflinger, Araber und Paint Horse und die Kleine von meinem Papa ein Mix aus Lipizzaner und Paint Horse. Nun brauchten sie aber noch einen Namen! Gib einer neunjährigen die Aufgabe für ihr Pferd einen Namen zu finden und du bekommst die tollsten Vorschläge. Zu dem Zeitpunkt fand ich gerade den Animationsfilm „Spirit- der wilde Mustang" total toll. In diesem Meisterwerk für pferdebegeisterte Kinder war auch eine

Scheckstute dabei die den klingenden Namen „Rain", also Regen trug. Meine Mutter fand den Namen etwas traurig und schlug mir vor, einen fröhlicheren Namen zu wählen, wie zum Beispiel „Sunny" also sonnig. Unserer Kreativität kannte keine Grenzen. Nachdem der Name Sternschnuppe – trotz ihrer tollen Fellzeichnung auf der rechten Schulter - nicht wirklich Anklang fand, war die Sache beschlossen. Mein Pferd hieß Sunny. Ich glaube, meine Mutter konnte es mir dann doch noch so verkaufen, dass es meine Idee war, sodass ich schließlich zustimmte. Mein Vater entschied sich für den Namen Shiela, was bis zum heutigen Tag ein perfekter Name für die kleine Diva ist (Lippizanerblut lässt grüßen).

Die erste Zeit mit den Fohlen war natürlich megaspannend. Die Fohlen hatten bisher hauptsächlich nur Kontakt zu Frauen und waren deshalb Männern gegenüber sehr skeptisch. Das äußerte sich darin, dass sich die Fohlen von mir bald streicheln und kraulen ließen, während mein Papa etwas damit zu kämpfen hatte, dass er sie überhaupt anfassen durfte. Da in dieser Zeit der Hype um den Film „Der Pferdeflüsterer" noch nicht ganz vorbei war, sah ich mich schon auf der nächsten Kinoleinwand meine Künste vorführen. Ich war doch wie geboren für eine

Pferdeflüstererkarriere, oder? Die Scheu der Fohlen legte sich schlussendlich doch eines Tages und es kehrte wieder Routine in unseren Stall ein. Ein bisschen wehmütig hängte ich die Idee als Starpferdeflüsterin auf einer Kinoleinwand an den Nagel und kehrte in die Realität zurück. Aber eine Frage war nach wie vor ungeklärt. Auf welchem Pferd sollte ich die nächste Zeit reiten? Luki wurde langsam aber sicher zu klein und Sunny war noch zu jung. Also was sollten wir tun? Mich persönlich beschäftigte das nicht so sehr. Ich wollte weiter Luki reiten, wir waren doch ein tolles Team! Das Problem mit der Größe war für mich nur zweitrangig. Ein paar Zentimeter fehlten doch noch, bis ich beim Reiten würde mitlaufen können. Die restliche Zeit bespaßte ich Sunny, die sich als absolut coole Socke erwies. Wir übten „führen" und „Hufe geben" und was man in diesem Alter mit einem Fohlen noch so machte. Mir fehlte es an nichts. Das meine Eltern sich aber Gedanken machten, bekam ich schlichtweg nicht mit. Bis zu jenem Tag.

2

Unsere Familie machte immer Camping Urlaub in Kroatien. Wir hatten selbst einen Wohnwagen, der wurde aufgebaut und dann waren wir zwei Wochen campen und danach meine Großeltern. Als meine beiden älteren Geschwister größer wurden, durften sie auch mit Oma und Opa noch verlängern, was einem absoluten Jackpot gleichkam. Unsere Großeltern waren immer liebevoll und großzügig mit uns und erfüllten uns jeden Herzenswunsch. Meine Oma bemühte sich sogar darum, für uns Spielkameraden am Campingplatz zu finden. Das Paradies auf Erden mit zwei Engeln, die auf uns aufpassten.

Als ich endlich alt genug war, um dabei zu sein, habe ich es einfach nur genossen. Jeden Tag habe ich bis zur Mittagszeit geschlafen, den ganzen Nachmittag am Meer verbracht und am Abend bei lauen Temperaturen mit meinen Großeltern Karten gespielt. Als ich mit Oma und Opa von genau solch einem Urlaub nach Hause kam, gab es die große Überraschung. Ich wurde zu Hause freudig begrüßt und habe am Anfang noch überhaupt nichts mitbekommen. Meine Schwester hat schon die ganze Zeit nur mehr gegrinst und Andeutungen gemacht, aber ich hatte keine Ahnung. Meine Eltern meinten dann, ich solle doch mal die Pferde auf der Koppel zählen. Ich dachte mir noch: „Häh? Warum das denn?“.

Doch noch während ich mich das fragte, fiel mir das neue braune Pferd auf der Koppel auf! Ich war total perplex und wir gingen sofort auf die Weide. Da stand sie! Eine kleine Rotschimmelstute mit dem perfekten Stockmaß von 1,37 Meter. Sie würde meine neue Weggefährtin sein. Ernsthaft realisieren konnte ich das im ersten Moment nicht. Gerade lag ich noch am Strand und plötzlich besaß ich ein neues Pony? Die Vorbesitzer hatten ihr den Namen „Cinderella“ gegeben. Wenn jemand einen Namen aussuchen müsste, nur um mich zu ärgern, wäre er mit diesem dem Highscore sehr nahegekommen. Ich selbst war überhaupt nicht der Prinzessinnentyp und dann sollte ich mein Pony nach einer der größten Prinzessinnen aller Zeiten nennen? Kurz entschlossen taufte ich sie Trixie und wie ich erst vor kurzem erfuhr, trägt sie diesen Namen auch heute noch. Der Name war frech und klang flott – die perfekte Beschreibung für dieses kleine, agile und aufgeweckte Pony!

Nun startete die Zeit, in der ich zum neuen Pferd Vertrauen aufbaute. Die kleine Reitponystute war ein pures Kämpferherz und hatte bei weitem mehr Power, als ich es bisher gewohnt war. Auch der Umstieg auf ein größeres Pony war eine Herausforderung. Für mich war Trixie damals riesengroß und auch, wenn ich sehr enthusiastisch war, dauerte es seine Zeit, bis ich mit den größeren Bewegungen unter mir klar kam. Vor allem der Trab war doch sehr unterschiedlich. Während ich mit Luki ohne Sattel über die Wiesen geritten bin, musste ich nun erst ein vernünftiges Leichtraben lernen (bei einem Shettytrabgetrippel ist Leichtraben nur schwer möglich, da sitzt man aus oder man geht in den leichten Sitz). Richtig viel Spaß machte mir, mit dem kleinen Flitzepferd zu springen. Das war Trixies absolute Leidenschaft. Sie zog auf die Sprünge hin und flog förmlich darüber. Nur selten bekam ich dabei richtigen Reitunterricht. Was ich konnte, hatte mir mein Vater beigebracht und das hat für mich auch immer gereicht. Doch mit Trixie durfte ich auf Reitwoche fahren. In dieser Woche lernte ich viel Neues über das Springen und die Dressur. Als Highlight absolvierte ich am Ende der Woche den Reiterpass.

Damit wisst ihr nun auch, welchen Sattel ich damals auf meinem Pony liegen hatte. Früher bin ich mit Englischem Sattel geritten. Und warum das? Weil ich keine Wahl hatte. Generell muss ich sagen, dass mir das oft sehr fremd war, wenn ich sah, dass manche Kinder für ihr Pferd mehr als eine Ausgabe von einem Ausrüstungsgegenstand hatten. Bei mir gab es immer eine Satteldecke, ein Halfter und eine Reithose. Ich hatte damit auch kein Problem, denn alles was ich brauchte, war schließlich da. Es war eben mehr organisatorisches Talent gefragt, wenn etwas gewaschen werden musste. Geschadet hat es mir auf jeden Fall nicht. Ihr könnt euch meine großen Augen vorstellen, wenn wir auf einer Pferdemesse waren und ich die ganzen Formen und Farben von dem verschiedenen Equipment sah. Das erschien mir immer als pure Utopie.

Mit meinem kleinen Reitpony wurde ich nun immer mehr zu einem eingeschweißten Team. Dies trug aber leider mit sich, dass Lukas nun eindeutig zu kurz kam. Man sah ihm an, dass er beim Ausreiten gerne mitgehen wollte und er so nicht zufrieden war. Obwohl ich es nicht wollte und noch „Nachbarskinder“ als Reitbeteiligung engagierte, musst ich es wohl oder übel einsehen, dass es für Lukas das Beste war, wenn er in ein neues zu Hause umzog. Er sollte wieder eine Aufgabe bekommen und anderen Kindern zu ihren Abenteuergeschichten verhelfen. Auch wenn ich alles andere als glücklich darüber war, fand er einen neuen guten Platz. Dort lebt er auch heute noch.

Die Zeit zog ins Land. Ich wurde älter und nahm mit Trixie auch weiterhin an Orientierungsritten teil. Die Ritte wurden nun zu einer größeren Herausforderung, da Trixie nicht ganz so unerschrocken war wie Luki und man ihr manche Dinge einfach ausführlicher üben musste. Wir schlugen uns trotz allem gut und erkämpften den ein oder anderen Pokal.

Auch Sunny wuchs vom kleinen Fohlen zum stolzen Jungpferd heran. Ich arbeitete mit ihr im Roundpen (kleinerer kreisförmiger Reitplatz) und machte sie mit verschiedenen Reitpferdesituationen, wie das Tragen einer Satteldecke auf dem Rücken, vertraut. Wir wurden einander immer vertrauter und konnten uns gegenseitig einschätzen. In dieser Zeit lernte ich auch die Prinzipien von Pat Parelli (amerikanischer Pferdetrainer) kennen, die ich so gut ich konnte, umsetzte. Dabei ging es viel darum, die Pferdesprache zu entschlüsseln und dem Pferd möglichst natürlich zu vermitteln, was von ihm verlangt wurde. Der Gedanke mich mit meinem Pferd zu „unterhalten“, war faszinierend. Diese Gespräche bestanden oft nur darin, wer wem folgte oder wie viele Schritte wir aufeinander zu oder voneinander weg gingen.

Der ausschlaggebende Tag, an dem aus meinem Jungpferd ein Reitpferd wurde, kam völlig überraschend. Ich hatte mit Sunny gerade Bodenarbeit gemacht. Sie musste damals knapp drei Jahre gewesen sein. Ich wollte sie gerade in den Stall zurückbringen und hatte mich mit meinem Papa und meiner Mama unterhalten. Irgendwie wurde das Gespräch dann darauf gelenkt, dass wir mit dem Anreiten unserer Fohlen bald beginnen würden. Plötzlich hat mein Papa gemeint, wir könnten es ja mal probieren und hat mich einfach auf Sunnys Rücken gesetzt. An meine Reaktion darauf kann ich mich nicht mehr erinnern. Ich habe sie wohl bei der Aufregung aus meinem Gehirn gelöscht. Und Sunny? Die stand wie eine Eins. Kein nervöses herumtänzeln oder hektische Bewegungen. Für uns wirkte es, als wäre es für sie der nächste logische Schritt. Das hatte sie schließlich bei den anderen Pferden bereits gesehen, dass Menschen und Pferde das so machen. Nach ein paar Augenblicken hob mich mein Papa wieder herunter, da wir Sunnys Geduld nicht überstrapazieren wollten, da ich ohne

Sattel oder sonstigem Equipment auf dem Pferd saß. Aber ihr könnt es euch denken, so unkompliziert wie sie hier war, verhielt sie sich auch im restlichen Verlauf des Anreitens. Nach dem sie die grundsätzlichen Dinge auf dem Reitplatz gelernt hatte und sich auch in jeder Situation gut bremsen ließ, waren wir eigentlich nur mehr ausreiten. Ich habe ihr viel gezeigt, Dinge beschnuppern lassen und ihr versucht alles zu erklären, was ich wusste.

Genau diese Zeit hat mir auf so klare und einfache Art gezeigt, was es ausmacht, wenn Pferde ohne schlechte Erfahrungen aufwachsen und alles in ihrem Tempo lernen können. Unglaublich, welche Ergebnisse die Bindung mit dem Menschen hervorbringen kann. Aus heutiger Sicht denke ich nicht, dass ich mit Sunny wie ein Profi gearbeitet habe. Wie denn auch? Ich war schließlich noch ein junges Mädchen. Aber ich denke, dass ich viel mit Gefühl und Intuition gemacht habe, ohne darüber stundenlang nachzudenken und durch andere Meinungen zu verkomplizieren. Es war alles andere als perfekt und wahrscheinlich habe ich auch hunderte an Fehlern gemacht. In dem Moment fühlte es sich aber richtig an und mein Pferd hat mir gezeigt, in welche Richtung es geht. Natürlich haben wir später auch für Trixie, als Sunny ein richtiges Reitpferd wurde, einen tollen Platz gefunden. Die Zeit um zwei Pferde zu bewegen und regelmäßig zu reiten, hatte ich leider nicht. Das junge Mädchen, das sie gekauft hat, trainierte genau das mit ihr was sie so geliebt hat: Springen und Geschwindigkeit.

Alles hätte nach meiner damaligen Meinung nach für immer so bleiben können. Doch wie so oft, hatte das Leben andere Pläne für uns. Meine Eltern ließen sich scheiden und das krempelte mein junges Leben ordentlich um. Meine Mutter suchte sich damals eine eigene Wohnung, wodurch ich nur mehr die Hälfte der Zeit bei meinem Vater und den Pferden war. Stück für Stück nahm das Reiten immer weniger Zeit in meinem Leben ein. Meine neue Stiefmutter und meine Stiefgeschwister lernten zwar auch reiten, aber so oft wie früher kamen wir nicht mehr dazu. Als ich schließlich in die Oberstufe und ins Internat kam, war es dann ganz vorbei mit der übrigen Zeit. Die Wochenenden die ich hatte, versuchte ich mein soziales Leben zu Hause am Laufen zu halten und damit war ich komplett ausgelastet. Ich kam nicht mehr zum Reiten, gar nicht mehr. Zusätzlich stellten meine Hormone nun ganz andere Prioritäten. Die Pubertät fing an ihre eigenen Pläne zu machen. Ich selbst ging in eine höhere Schule mit landwirtschaftlichem Schwerpunkt. Eine Schule mit einem Jungenanteil von 90 Prozent. Seien wir ganz ehrlich. Mein Gehirn hatte einen neuen Fokus, ob ich das jetzt gewollt habe oder nicht. Für meine reiterliche Karriere war das ein schwerer Schlag und nachdem sich deutlich abzeichnete, dass meine Zeit einfach für alles zu knapp wurde, hat mein Vater beschlossen auch für Sunny eine neues zu Hause zu finden. Klingt hart? Das war es auch. Doch ich wusste, dass es keine bessere Lösung gab. Innerlich schloss ich mit dem Thema Pferd ab. Ich hatte keine Zeit mehr zu reiten, ich wollte aber auch nicht mehr. Ich hakte es als Kapitel in meinem Leben ab und schloss das geistige Buch, in das ich all meine Ponyhofgeschichten gepackt hatte. Das hätte das Ende der Geschichte sein können. Alle Pferde waren verkauft und meine Interessen lagen wo anders. Aber wie wir alle wissen, ist die Geschichte alles, aber noch nicht zu Ende.

3

Wir sind uns jetzt einig, dass die Geschichte hier noch nicht aufhört. Die nächste Frage ist, wie geht's weiter?
Wir überspringen ein paar Jahre. Nämlich genau die Jahre, die ich an meiner höheren Schule verbracht habe. In dieser Zeit gibt's nämlich außer Schule und Liebe nicht wirklich viel Spannendes zu erzählen. Los geht es erst wieder, als nach fünf Jahren mein Abschluss vor der Türe stand. Es stand die große Frage im Raum - was nun?

Seit ich klein war, hatte ich immer den Wunsch Tierärztin zu werden. Rückblickend wahrscheinlich deshalb, weil mir sonst kein greifbarer, „vernünftiger" Beruf, in dem man viel mit Tieren zu tun hatte, bekannt war. Zur Vollständigkeit muss ich hinzufügen, dass es für mich nach fünf Jahren intensiver landwirtschaftlicher Ausbildung auch nur mehr ein Thema gab - nämlich Landwirtschaft. Ich war fasziniert von all den verschiedenen Sparten, Möglichkeiten und Herangehensweisen. Aber - wie sollte es auch anders sein - fand ich neben dem Ackerbau und den Traktoren natürlich die Haltung von Tieren im landwirtschaftlichen Rahmen am interessantesten. Einer Karriere als Tierärztin würde das aber in keinster Weise im

Weg stehen. Nun hatte ich aber ein großes Problem. Ich hatte genug von der Schule. Ich hatte genug vom Lernen. Ich hatte genug von der wirtschaftlichen Abhängigkeit von meinen Eltern und die Ausbildung zum Tierarzt ist eine der intensivsten und langwierigsten die man sich aussuchen kann. Somit wurde mir klar, dass das keine Option mehr für mich war.

Außerdem hätte dieses Studium sechs Jahre lang Fernbeziehung bedeutet und das wollte ich auch nicht. Der ein oder andere mag sich jetzt denken, dass man wegen einer Beziehung mit neunzehn doch nicht seine Zukunft umplant. Doch, wenn man weiß, dass man jemand ganz besonderen vor sich hat und zu dem Zeitpunkt, zu dem ich dieses Buch schreibe, sind wir inzwischen seit neun Jahren zusammen und ich hatte ja nie das Gefühl auf etwas zu verzichten.

Aber zurück zum Thema – was tun? Ich persönlich fällte meine Entscheidung Arbeiten zu gehen. Ich hatte schließlich alle Zeit der Welt. Deswegen traf es ich auch perfekt, dass eine große österreichische Molkerei unsere Schule anschrieb, weil sie Nachwuchsmitarbeiter suchten. Das war an unserer Schule nichts Ungewöhnliches. Da die

Jungs ja alle entweder Wehr- oder Zivildienst machen mussten und die anderen Mädchen alle vorhatten zu studieren, bewarb ich mich für den Job. Ein klassischer Bürojob, bei dem ich jeden Morgen und Abend 50 Minuten im Auto verbringen würde, nur um überhaupt hinzukommen. Kein Traumangebot, aber mir war ja wichtig erstmal einen Job zu haben und Geld zu verdienen. Und eine Molkerei hat doch ganz entfernt was mit Tieren zu tun, oder? Nach einem Bewerbungsgespräch, vor dem ich super nervös war (war ja auch mein erstes), bekam ich meine Zusage. Im Herbst sollte es also mit dem „Ernst des Lebens“ losgehen und ich genoss meinen letzten „freien“ Sommer. Ich war sehr stolz darauf, sofort einen Job nach der Schule gefunden zu haben. Das ich ein superquirliger Mensch bin und ich den ganzen Tag stillsitzen sollte, schien mir zu dem Zeitpunkt noch kein Widerspruch zu sein.

Als aber der erste Arbeitstag kam, war es die Hölle! Alles war strikt durchstrukturiert, da war kein Platz für persönliche Einfälle. Mir war schrecklich langweilig! Zugegeben, ich hatte wirklich nette Kollegen, aber das alleine war mir zu wenig für meine berufliche Erfüllung. Bereits nach dem zweiten Tag fing ich wieder an Bewerbungen zu schreiben. Ich wollte weg, so schnell wie möglich. Ich kam hyperaktiv nach Hause und wusste nicht, was ich mit meiner angestauten Energie als Erstes anstellen sollte und genau das war der springende Punkt. Am dritten Tag kam ich höchst frustriert nach Hause. Ich wollte nur noch nach draußen. Also zog ich schnurstracks meine gemütlichsten Sachen an, fuhr zu meinem Papa und fragte ihn, ob ich mir ein Pferd leihen durfte. Nach so vielen Jahren. Ich weiß nicht, warum ich damals so entschieden habe, aber es tat so gut. Ich ritt durch die Gegend und die Last des Tages fiel von mir ab. Ich hatte das Gefühl, das erste Mal am Tag wieder tief durchatmen und den ganzen Mist vergessen zu können.

Am Sonntag darauf bekam ich die Einladung zu einem Vorstellungsgespräch und ich kündigte noch am selben Tag per E-Mail und schickte meine Schlüssel zurück. Dieses Mal hatte ich mich für den Außendienst bei einer Futtermittelfirma beworben, bei ich hauptsächlich Rinderbetriebe betreute und das entsprach schon deutlich mehr meinen Bedürfnissen und Wünschen. Gott sei Dank konnte ich den Chef überzeugen, mich trotz meiner jungen Jahre einzustellen. Der Vertrieb ist immerhin ein ziemlich hartes Pflaster. Nach meinem heutigen Maßstab zwar zu miserablen Bedingungen, aber es war für mich der erste

wichtige Schritt. Als sich meine berufliche Lage wieder stabilisierte, war das Verlangen reiten zu gehen wieder vorbei. Schließlich war ich jetzt jeden Tag viel draußen und war deutlich ausgeglichener. Der Berufsalltag machte mir Spaß, auch wenn ich mir alles sehr mühsam erarbeiten musste und mir meine mangelnde Erfahrung oft einen Stein in den Weg legte.

Doch nach ein paar Monaten forderte die Firma immer mehr und ich wusste nicht, wie ich das Verlangte liefern sollte. Ich hatte keinen Vergleich zu anderen Arbeitsplätzen und konnte daher nicht einschätzen, ob ich unfair behandelt wurde oder ich persönlich unfähig war. Nach zirka vierzehn Monaten hatte sich die Situation so zugespitzt, dass ich mich um einen anderen Job bemüht habe. Das Verhältnis zwischen Geben und Nehmen war komplett aus den Fugen geraten. Nach jedem Gespräch mit meinem Chef liefen mir die Tränen über die Wangen und ich fühlte mich schrecklich hilflos. Trotz dieser untragbaren Bedingungen war für mich aber klar, dass ich im Außendienst bleiben wollte. Ich konnte mir keine andere Tätigkeit vorstellen, die mir so viel Freude bereitete und ständig viel Abwechslung und neue Herausforderungen bot.

Dadurch, dass ich inzwischen ja schon Erfahrung hatte, bekam ich diesmal deutlich schneller einen tollen Job, bei dem ich mich mit zwanzig Jahren gegen elf andere Bewerber mit teilweise deutlich besseren Qualifikationen durchsetze. Ich habe selten bei einem Bewerbungsgespräch soviel Sympathie und Begeisterung in einem Raum gespürt und unbewusst erfüllte ich genau ihr Anforderungsprofil. Ich kam in ein neues Team mit neuen Herausforderungen. In meinem ersten Job betreute ich zirka zwei Bezirke. Jetzt war ich für ganz Oberösterreich zuständig. Bisher hatte ich hauptsächlich mit Landwirten zu tun, hier musste ich teilweise sehr große Händler betreuen. Ich kniete mich rein, ich wollte es schaffen. Ich war mit Abstand die jüngste Verkäuferin in meinem Team und ich wollte beweisen, dass ich es konnte. Während meiner Einschulungszeit hatte ich oft Tage, die weit über vierzehn Stunden hinausgingen. In dieser Zeit fing ich auch an abends auf der Couch einzuschlafen. Das kannte ich bis zu diesem Zeitpunkt nicht von mir. Ich war also merklich ausgelastet.

Wie sich nach einigen Wochen herausstellte und das verblüffte mich tatsächlich, waren auch Firmenchefs normale Menschen. Das hört sich jetzt lustig an, aber in meinem Kopf hatte ich diese Personen immer auf ein

Podest gestellt. Wie auch bei meinen Landwirten kam es auf Zuverlässigkeit und Sympathie an. Zwei Dinge die mir Gott sei Dank noch nie schwer fielen. Der Job machte Spaß, aber etwas nagte an mir. Seit ich bewusst über mein berufliches Leben nachdenken konnte, war mir klar, dass ich mich beruflich selbstständig machen wollte und das möglichst bald. Ich hatte zwar bei meinen Bewerbungsgesprächen immer gefragt, ob denn die Möglichkeit bestehe, auch auf einer selbstständigen Basis für die Firma tätig zu sein, aber es gab nie den richtigen Zeitpunkt, um den Schritt auch wirklich zu wagen. Es gab immer genügend Argumente für mich, warum es jetzt gerade nicht möglich war. Nun gut, ich hatte zwar den Wunsch, aber von heute auf morgen musste es auch nicht sein. Ich stellte die Stimmen in meinem Kopf erstmal auf lautlos.

4

Ganz unbewusst kam auf der Geburtstagsfeier von meinem Onkel der nächste wichtige Schritt. Die ganze Familie samt Verwandtschaft war eingeladen und als es etwas später am Abend wurde, kam ich mit meiner Cousine Sandra ins Gespräch. Mit ihr hatte ich die letzten Jahre eher weniger Kontakt. Auch wenn wir uns gut verstanden haben, sah man sich eben doch nur bei familiären Anlässen.

Wir sprachen über unsere „pferdige" Vergangenheit, die bei ihr ähnlich abgelaufen war wie bei mir. Wir waren als Kinder nicht vom Pferd runter zu bekommen und dann kam das Leben dazwischen. Sie erzählte mir, dass sie das Reiten vermisse und so gerne wieder eine Reitbeteiligung oder etwas Ähnliches hätte. Zu dieser Zeit überlegte ich immer wieder, vielleicht doch aufs Pferd zurück zu kehren. Wie das Schicksal aber manchmal mitspielt, hatten die beiden Pferde meines Vaters zu der Zeit nicht viel zu tun, da auch er mehr als genug andere Dinge zu erledigen hatte. Kurz entschlossen fragte ich sie, ob sie nicht mit mir gemeinsam Ausreiten gehen wollte und ich glaube nicht einmal eine Woche später, haben wir uns zum ersten

Ausritt verabredet. Wir lachten beide darüber, dass wir nicht viel früher auf die Idee gekommen waren, denn diese Zusammenkunft bot nur Vorteile. Wir kamen beide an die frische Luft, bei einer Tätigkeit die uns mehr als Spaß machte und die Pferde von meinem Vater wurden bewegt. Unglücklicherweise starteten wir unsere erste Tour im Spätherbst und der Boden, der eigentlich trocken erschien, war doch unter all dem heruntergefallenen Laub rutschiger als gedacht. Ich saß auf Shiela und bei einem gemütlichen Galopp rutschte sie plötzliche mit den Hinterbeinen weg. Mit voller Wucht fiel ich vom Pferd und verstauchte mir dabei meinen Knöchel. Wir schafften es grade noch gut nach Hause, aber für mich hieß es fürs erste, unfreiwillig zu pausieren. So ein Mist.

Nach dem Winter haben wir es zum Glück geschafft, unsere Reittreffen wieder aufzunehmen. Von da an ritten wir mit Papas Pferden zwei bis dreimal die Woche gemeinsam aus. Es dauerte nicht lang und die alte Leidenschaft entfachte aufs Neue. Dieses Mal noch viel intensiver. Ich war einige Jahre älter, machte mir selbst Gedanken zu dem damals Erlernten und begann mich mit allen möglichen Pferdethemen zu beschäftigen. Ich entdeckte in dieser Zeit die ersten Pferde-YouTuber, die ich

ab dem Zeitpunkt online verfolgte. Sämtliche Berichte und Artikel, die ich gefunden habe, wurden gelesen und verinnerlicht. Innerhalb kürzester Zeit änderte sich mein kompletter Facebookfeed und mir wurden nur mehr Pferdebeiträge angezeigt. Also auch die sozialen Medien schubsten mich immer tiefer ins Thema. Es war nicht verwunderlich, dass ich bereits nach kurzer Zeit insgeheim den Gedanken hegte, mir wieder selbst ein Pferd zu kaufen. Damals hatte ich kaum Freizeitbeschäftigungen, da sich mein Privatleben noch immer nicht von der intensiven Zeit in der Schule erholt hatte. Mein Freund, mit dem ich bereits zusammenwohnte, hatte im letzten Herbst zu studieren begonnen. Dieses spannte ihn sehr ein, weswegen seine freie Zeit für gemeinsame Ausflüge sehr reduziert wurde. Ich suchte nach einer Aufgabe. Mit meinem eigenen Geld war es mir möglich, zu tun was auch immer ich wollte! Warum also nicht?

Dank der verschiedenen Online Portale konnte man auch ganz einfach und bequem von der Couch aus in den zahlreichen Anzeigen schmökern. Auch bei meiner Cousine hatten sich dieselben Gedanken eingeschlichen und so begannen wir bei den gemeinsamen Ausritten nun Pferdeannoncen, die wir uns gegenseitig geschickt hatten, zu diskutieren und unsere Wunschvorstellungen auszutauschen. In wenigen Wochen kannte ich jede Pferdeverkaufsanzeige auswendig. Ich konnte jedem genau sagen, ob das Pferd schon öfter inseriert wurde, ganz frisch am Markt war oder sich der Preis verändert hatte. Meine Entscheidung war bereits gefällt. Es würde ein Pferd bei mir einziehen. Doch was würde der Rest meiner Familie dazu sagen? Ich war längst unabhängig in meinem Leben, aber die Zustimmung meines Umfeldes wollte ich doch gerne haben.

Vor allem die von meinem Papa war mir wichtig. Schließlich wollte ich ihn fragen, ob ich mein zukünftiges Pferd bei ihm im Stall unterbringen durfte. Ich traute mich nicht gleich mit der ganzen Wahrheit rauszurücken, weswegen ich erst nach meinem ersten Pferdebesichtigungstermin mit meinem Papa sprach. Von dem erzähl ich euch gleich. Mein Dad war verständlicherweise nur mäßig begeistert. Er fand es cool, dass seine Pferde wieder regelmäßig bewegt wurden, da er selbst nur mehr selten die Zeit dazu hatte. Außerdem wurde der Stall umgebaut, als sich unsere Pferdeanzahl reduzierte. Für zwei Pferde war genug Platz, aber bei einem dritten Pferd würde es, besonders bei der Herdeneingliederung, eng werden. Das war für mich zwar ein innerlicher Rückschlag, aber ich war bereits felsenfest davon überzeugt und an meiner Entscheidung war nicht mehr zu rütteln. Das war bei mir immer so. Fing ich für eine Idee an zu brennen, war ich nur schwer wieder zu bremsen.

Nun musste ich noch einen geeigneten Einstellplatz suchen. Ich dachte mir aber: „Bevor du jetzt nicht ein Pferd hast, brauchst du auch nicht zu suchen. Du weißt ja noch gar nicht, was du für einen Stall brauchen wirst." Womit wir jetzt auch zu den Pferden kommen, die damals in meine engere Wahl kamen. Ich hatte mir bis jetzt nie selbst ein Pferd aussuchen können, denn diese Entscheidungen wurden immer für mich getroffen. Das hat mich nie gestört und soll auch nicht undankbar klingen, aber jeder hat natürlich seine Wunschvorstellungen. Mein absolutes Traumpferd sah ich das erste Mal als kleines Kind im Film Black Beauty. Dieses stolze schwarze Pferd, das über die Wiesen galoppierte. Um mich war es sofort geschehen. Ich dachte, es gab wohl kaum ein Mädchen, das sich noch nicht gewünscht hatte, auf einem Rapphengst die Felder des Nachbarn unsicher zu machen. Doch jetzt hatte ich die tatsächliche einmalige Chance, mir mein Traumpferd zu kaufen.

Also überlegte ich, welche Kriterien mein potentielles Pferd haben sollte. So eine Kaufentscheidung will wohl überlegt sein. Für mich war stets eines wichtig, dass das Pferd im Charakter entspannt ist. In meiner Freizeit will ich Spaß haben und mich nicht mit einem Pferd „quälen“, das ständig einen Ruhepuls von 200 hat und beim kleinsten Mucks am liebsten im nächsten Baum sitzen würde. Sofort schoss mir ein Bild von Papas Wallach Jacky vors innere Auge. Der war die Ruhe in Pferd. Bei sämtlichem Blödsinn dabei und im Gelände ein pures Verlasspferd und immer sehr sehr gemütlich unterwegs. Okay, ein schwarzer gemütlicher Wallach, das war eine gute Grundidee.

Die nächste wichtige Frage war, wie alt und wie ausgebildet das Pferd den sein sollte? Mit leicht romantisch verklärtem Blick habe ich mich an die schönen Zeiten mit Sunny erinnert. Das war doch damals perfekt! Ein Fohlen wollte ich mir zwar nicht kaufen, denn ich wollte schon in absehbarer Zeit zu reiten beginnen, trotzdem sprach für mich nichts gegen ein junges Pferd, dass am liebsten noch nichts konnte. Ich wollte ihm alles beibringen. Das Wunschalter legte ich deswegen auf zwei bis drei Jahre fest. Da kann man mit der Grundausbildung starten. Diese Frage hatte ich also auch geklärt.

Nun kam eine der wichtigsten Fragen – welche Rasse? Die Abstammung eines Pferdes hatte mir noch nie viel bedeutet. Auf den Papieren ritt man ja schließlich nicht, wie es so schön hieß. Wahrscheinlich wäre mir die Auswahl etwas leichter gefallen, wenn ich annähernd gewusst hätte, was ich mit dem Pferd später machen wollte. Aber bis zu dem Zeitpunkt war mein Plan ausreiten zu gehen und Bodenarbeit zu machen und dass konnte so ziemlich jedes Pferd. Jetzt kannte ich mich selbst auch schon ein paar Jahre und wusste, dass ich gerne Sachen ausprobierte. Wer weiß, vielleicht wollte ich doch wieder etwas mehr Springen oder ich entdeckte meine Leidenschaft für den Fahrsport. Ich wollte auf alles vorbereitet sein. Ebenfalls war ich ein Fan von nicht allzu großen Pferden. Zwischen 145 und 155 Zentimeter wäre doch ein passendes Stockmaß.

Nachdem ich diese fixen Eckpunkte für mich abgesteckt hatte, kam ich auf die Idee, mir ein Deutsches Reitpony zu kaufen. Richtige Größe und sehr flexibel einsetzbar, sowie nervenstark und in verschiedenen Farben erhältlich – Perfekt! Mein Budget hatte ich mir nicht ganz klar abgesteckt, denn bei dem richtigen Pferd sollte es am Geld nicht scheitern, aber eins verrate ich euch – Ich war nicht auf der Suche nach einem 10.000 Euro Pferd. Ein nettes Freizeitpferd musste kein Vermögen kosten.

5

Damit ging es los mit meiner Pferdesuche. Ich war aufgeregt, enthusiastisch, nervös, ängstlich - und das alles zur gleichen Zeit. Vor allem aber war ich sehr gespannt, welches Pferd schlussendlich bei mir einziehen würde. Ich wühlte mich durch die Internetportale und wurde schon bald fündig.

Ich hatte einen Reitponyzüchter gefunden, welcher gerade zwei zweijährige Hengste verkaufte - der eine war ein Fuchs und der andere war Dunkelbraun. Sie waren zwar nicht schwarz, aber zumindest einer davon war nah dran. Per E-Mail vereinbarte ich einen Besichtigungstermin und fuhr eines kühlen Frühlingstages im März 2015 los. Nach einem freundlichen Empfang ging es auf die Koppel, wo die Junghengste schon warteten. Beide durften ein paar Runden in Trab und Galopp herumlaufen, damit ich sie mir in Bewegung ansehen konnte und die jeweiligen Stärken wurden mir beschrieben. Der erste Eindruck war eindeutig positiv, wobei der Fuchs mein Herz noch etwas höherschlagen ließ. Somit schmiss ich alle Farbwünsche für mein Traumpferd über Bord. Der Fuchs hatte meiner Meinung nach gegenüber dem Dunkelbraunen mehr

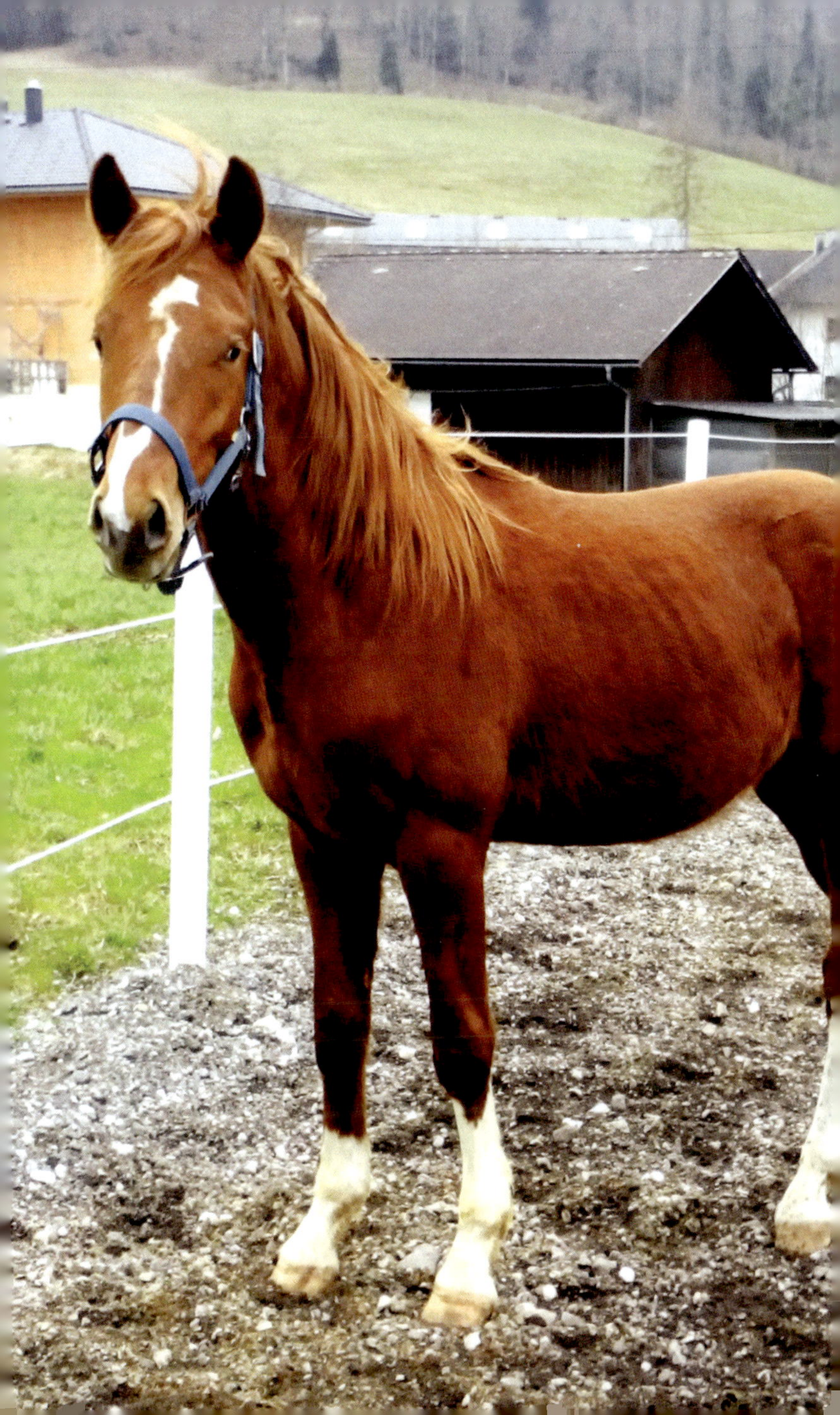

Ausstrahlung. Er hinterließ auf mich einen bleibenden Eindruck. Außerdem hatte er eine ganz schmale Blesse, die ein bisschen an einen Blitz erinnerte. Keine Sorge, wir befinden uns in keinem Harry Potter Buch und der Hübsche musste somit keinen Todesfluch über sich ergehen lassen. Aber mir gefielen filigranere Abzeichen immer besser als große, die einem dominant ins Auge sprangen. Im Anschluss bekam ich einen geführten Rundgang über die restliche Zucht und welche Fohlen sie noch erwarteten. Als ich schließlich nach Hause fuhr, kreisten meine Gedanken ständig um diesen Fuchs, aber ich wollte noch keine Entscheidung treffen.

Zu Hause angekommen, begann ich alles einmal grob zu überschlagen. Er war zwei Jahre alt, also kamen zum Kaufpreis noch mindestens die Kosten für ein Jahr Aufzucht hinzu und dann natürlich auch noch die Kastration. Ich wollte keinen Hengst, denn die Unterbringung war schwieriger als bei einem Wallach. Schnell schossen die Kosten in die Höhe und somit musste ich mich leider letzten Endes gegen diesen schicken Kerl entscheiden. Ein paar Monate später habe ich erfahren, dass er für viel Geld in die Zucht verkauft wurde. Von daher wäre sein volles Potential bei mir als Wallach wahrscheinlich nie zur Geltung gekommen.

Die Suche ging also weiter. Da ich ja selbst zu dieser Zeit im Außendienst war, kam ich bei einer beruflichen Tour in dem Ort vorbei, in dem wir damals unsere Fohlen gekauft hatten. Kurz entschlossen rief ich dort an und fragte nach, ob sie für mich Zeit hätten und es klappte sofort. Auf dem Hof selbst erfuhr ich, dass sie die Stutenmilchproduktion eingestellt hatten, da der Sohn nun den Hof führte und dieser mehr mit Rindern arbeiten wollte. Sie hatten aber noch zwei, drei Stuten die auch Fohlen bekamen. Derzeit hätten sie aber nur eine zweijährige Stute, die in Frage kommen könnte. Da ich schon vor Ort war, wollte ich die Stute natürlich trotzdem sehen, auch wenn ich im Inneren schon enttäuscht war, jetzt nicht auf eine Koppel voller Babypferde gehen zu können. Ein paar Fohlenküsse sind zu jeder Zeit Balsam für die Seele. Mein Pferdemädchenherz hatte einen kleinen Knicks, auch wenn ich die Gründe nachvollziehen konnte. Die erwähnte Stute war nett, aber der Funke sprang von Anfang an nicht über. Ich war ein bisschen sentimental, da es eine Scheckstute war und sie den gleichen Papa hatte wie meine Sunny. Es hätte schon seinen Reiz gehabt, eine Schwester von Sunny als neues Pferd zu haben. Der endgültige Grund für mich, das Pferd nicht zu nehmen, war aber, dass sie ein Schecke mit viel weißen Fell war. Schecken sind zwar schöne Pferde, aber ich sehe in jedem Stückchen weißen Fell immer nur sehr viel Arbeit, um es sauber zu halten. Weiße Beine, die nie weiß, sondern eher braun oder grün sind und jedes Mal ein frustrierter Seufzer, wenn sich das frischgewaschene Pferd in Dreck, Schlamm oder einer Wiese wälzt. Nein, das wollte ich nun wirklich nicht, denn ich bin vor allem ein pragmatischer Mensch, der sein Pferd sehr funktionell putzt. Die wichtigsten Stellen schnell sauber machen und der Rest interessiert niemanden mehr. Stundenlanges Putzen mit den verschiedensten Bürsten und das Einsprühen mit allen möglichen Sprays waren mir zu aufwendig und für mich nicht zielführend.

Ich stand wieder am Anfang und durchforstete das Internet. Mir war schon seit längerer Zeit immer wieder eine Anzeige aufgefallen. In der wurden einige Pferde zum Verkauf angeboten, da eine Zucht aufgelöst wurde. Auf den Bildern sah man dunkelbraune und schwarze Warmblüter unterschiedlicher Größen. Mein Farbbeuteschema war wieder komplett erwacht. Also Anrufen – Termin vereinbaren - hinfahren. Dort angekommen, war ich schockiert. Der Hof war chaotisch, überall lagen Sachen herum und alles war dreckig. Bei den Pferden sah es nicht wirklich besser aus. Sie waren zwar in einem guten Zustand, aber es war matschig und der Gang auf die Koppel war schon ein nasses Schlammloch, aber ich wollte keine voreiligen Schlüsse ziehen und versuchte unvoreingenommen zu bleiben. Die Besitzer waren sehr freundlich und erzählten mir von ihrer Zucht. Ich teilte ihnen mit, was ich suchte. Einen schwarzen jungen Wallach und genau so einen hatten sie auch im Angebot. Der einzige Haken, dieser Bursche war groß. Aus meiner Sicht sogar riesengroß und damit eindeutig zu groß. Mir war wichtig, dass mein zukünftiges Pferd handlich und kompakt war, denn wenn ich mir eine Giraffe kaufen wollte, würde ich nach Afrika fahren. Im Ernst, ich fand kleinere Pferde praktischer. Die Sträucher kamen von unten nicht mehr an dich ran, aber die meisten Äste hingen noch hoch genug. Das war doch optimal.

Die Hofbesitzer erkannten mein Dilemma: „Einen kleineren Wallach haben wir nicht, aber wie wäre es mit dieser Stute?" Gemeint war eine bildhübsche schwarze vierjährige Stute.

Meine Pferdemädchentraumvorstellungsalarmglocken schrillten laut los. Die war doch der Wahnsinn! Sehr zierlicher Körperbau, tolles Abzeichen am Kopf (eine kleine weiße Flocke) und wachsame Augen. Die kleine hieß „Cindy" und war ein Warmblut-Vollblutmix, daher auch das sportliche Aussehen. So nebenbei wurde mir dann gesagt, dass sie noch nie von ihrer Mutter getrennt wurde und deswegen immer mal wieder bei der Mutter aus dem Euter trank (MIT VIER JAHREN). In Gedanken tauchte bei mir ein 15-jähriges Mädchen auf, das von der Schule heimkam und bevor es mit der Clique um die Häuser zog, noch schnell den Busen der Mutter abcheckte, am besten noch mit dem Handy in der Hand. In solchen Fällen wünschte ich mir oft, mein Kopfkino besser unter Kontrolle zu haben. Doch wie so oft, gingen meine Gedanken komplett mit mir durch. Weiteres erspare ich euch an dieser Stelle.

Zurück zur Stute. Zusätzlich kam hinzu, dass die Stute kaum halfterführig war. Ein möglicher Transport oder zukünftiges Training würde mehr als schwierig werden. Ich war aber voller Zuversicht. Ich gebe zu, meine Gedanken waren wohl noch im Kopfkino. Das muss wohl so gewesen sein, weil ich ernsthaft darüber nachdachte,

dieses Pferd zu kaufen. Gott sei Dank habe ich von den Besuchen, die ich dort machte, immer Videos von dem Pferd gemacht, sodass mich schließlich Freunde darauf aufmerksam machten, dass die Stute sehr weich gefesselt war. Das hieß, dass die hinteren Fesselgelenke des Pferdes bei jedem Schritt fast den Boden berührten. Das konnte bei zunehmendem Alter des Pferdes durchaus problematisch werden. Dieses Risiko war mir zu groß. Es gab einige Punkte beim Pferdekauf die für mich nicht in Stein gemeißelt waren. Die Farbe oder die Rasse waren zweitrangig, aber die Gesundheit des Pferdes musste auf jeden Fall gegeben sein. Schließlich konnte man nie wissen, welche zukünftige Tierarztrechnung man sich unbedacht auflud. So verabschiedete ich mich von der kleinen wilden Schönheit. Das mit den schwarzen Pferden wollte nicht klappen.

Nachdem das jetzt mit den ersten vier Pferden nichts wurde, dachte ich, dass das noch ein ewiges Hin und Her wurde. In der Zwischenzeit war ein knapper Monat vergangen und das richtige Pferd war noch nicht in Sicht. Viele werden jetzt denken: „Ein Monat ist doch nicht viel Zeit für einen vernünftigen Pferdekauf!" Rückblickend stimme ich da vollkommen zu. Meine Vorfreude und

Ungeduld haben das damals anders sehen. Wie bereits vorher erwähnt, suchte meine Cousine zum damaligen Zeitpunkt auch nach einem passenden Pferd. Sie wollte ebenfalls ein junges Pferd. Allerdings eines das die Basics schon konnte, keinen kompletten Wildfang so wie ich. Erst vor kurzer Zeit hatte sie einen jungen Wallach, ich denke mal, er war vier Jahre, besichtigt und war sehr begeistert von ihm. Er war allerdings zu diesem Zeitpunkt noch nicht angeritten und fiel somit klar aus ihrem Beuteschema. Sie dachte aber an mich und leitete mir die Kontaktdaten weiter. Ein Besichtigungstermin war schnell vereinbart und damit alles wunderbar. Gleichzeitig durchkämmte ich, wie auch sonst, die Internetportale. Am Mittwoch den 15.04.2015 tauchte die schicksalshafte Anzeige auf: „Goldfalbstute - Appaloosa - Golden Sunshine - 1,49 Stockmaß - 4 Jahre alt von Spotted Power on Top".

6

Der Anzeigentext alleine hätte mich noch nicht vom Hocker geworfen, aber ich sah das Foto. Darauf abgebildet war ein wunderschönes Pferd. Es strahlte so viel Charakter und Ruhe aus, dass ich auf der Stelle fasziniert war. Dann sah ich den Preis und wurde wieder auf den Boden der Tatsachen zurückgeholt. Die Stute lag deutlich außerhalb von meinem Budget. Doch es ließ mir keine Ruhe.

Auf die Rasse Appaloosa hatte ich schon immer ein Auge geworfen. Jedes Pferd war mit seinen eigenen Punkten individuell. Ich hatte zum Beispiel nichts gegen Warmblüter, aber diese haben meistens eher klassische Farben wie Schimmel, Rappe, Brauner, Fuchs und wenn du zehn Warmblüter nebeneinander aufreihst, dann werden in den seltensten Fällen die Pferde durch ihre individuelle Fellzeichnung auffallen. Solltest du jetzt Warmblutreiter sein und dich gekränkt fühlen, dann führe dieses Beispiel bitte mit Haflingern durch. Und ja, die Haflingerreiter sollen es mit Fjordpferden, Isländern oder Quater Horses oder was weiß ich machen. Um zurück zum Punkt zu kommen, die ausgefallenen Farbmuster gefielen mir und das Pferd am Foto schien perfekt. Noch dazu war es nicht allzu weit weg, das musste ein Wink des Schicksals sein. Ich beschloss das zu tun, was wahrscheinlich den meisten privaten Pferdekäufern schon zum Verhängnis wurde. Ich wollte mir das Pferd „nur anschauen". Ich musste es tun, es hätte mir wahrscheinlich sonst nie Ruhe gelassen. Kurz entschlossen schrieb ich eine E-Mail und wir vereinbarten einen Besichtigungstermin. Am selben Tag würde ich auch noch den Wallach sehen, also passte das gut zusammen. Meine Cousine hatte ebenfalls Zeit und so musste ich nicht alleine losfahren.

Zuerst ging es zur Appaloosastute. Die Anlage war der helle Wahnsinn, alles ziemlich neu, die Gebäude gelb heruntergeputzt und die Koppeln waren mit weißen Weidepflöcken ausgestattet. Zusätzliche gab es eine Traumaussicht umgeben von Laubwald und grünen Wiesen. Vielleicht ein bisschen eingeschüchtert von unserer Umgebung parkten wir unser Auto und suchten uns die Ansprechperson. Es herrschte reger Schulbetrieb und überall wuselten Kinder und Tiere herum. Auf den ersten Blick sah ich neben den Pferden auch Hunde, Katzen, Hühner und zwei Kälbchen, die dort von Hand aufgezogen wurden. Wir gingen quer durch die Koppeln zu unserem Ziel und dort stand dann ein Pferd. Zwar eine

Falbstute, aber nicht DIE Falbstute. Das war nicht das Pferd aus der Anzeige. Dieses Pferd war hübsch. Ein zierlicher Kopf und ein toller Körperbau, aber so gut wie keine Mähne und Schweif und was noch zusätzlich hinzukam, dieses Pferd hatte keine Punkte. Vereinzelt konnte man am Popo ein paar weiße Haare erkennen, allerdings war das Pferd weit davon entfernt, dass man es auf Anhieb als Appaloosa erkannt hätte. Ich hakte nach und fragte, wie das zu Stande gekommen wäre. Als Antwort sagte man mir, dass in der Anzeige ein Bild von ihrem Vater verwendet wurde, weil man noch keines von ihr gehabt hatte. Aha, statt fünf Minuten rauszugehen und eines zu machen, hatte man sich dazu entschlossen, ein Bild zu verwenden, dass nicht das zu verkaufende Pferd zeigte und erwähnte es nicht in der Anzeige. Die fehlende Mähne und der Schweif wurden vom Vorbesitzer abgeschnitten und seien gerade wieder am Nachwachsen. Zumindest laut den Angaben der Besitzer. Warum man so etwas tun sollte, ist mir bis heute ein Rätsel. Jetzt waren wir aber schon mal da, dann wollte ich auch einen genaueren Blick auf das Pferdchen werfen. Die Stute stand absolut entspannt auf der Koppel und fraß ihr Heu. Sie war sofort neugierig auf mich und ließ sich sogleich überall am Körper streicheln und anfassen. Einer der ersten Magic Moments war dann,

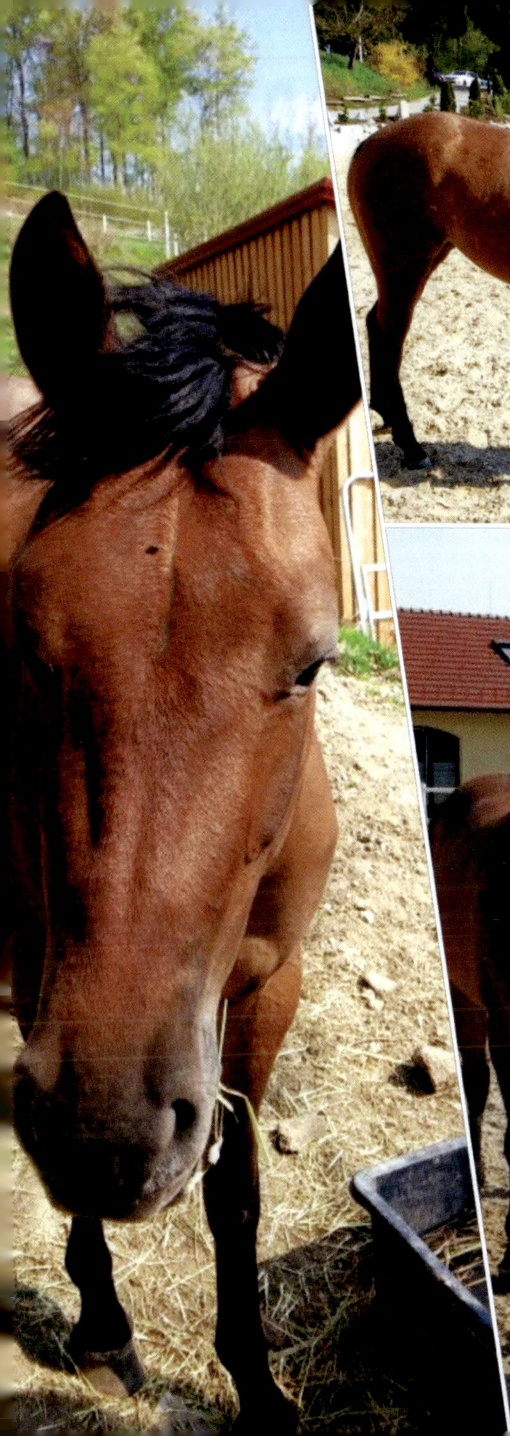

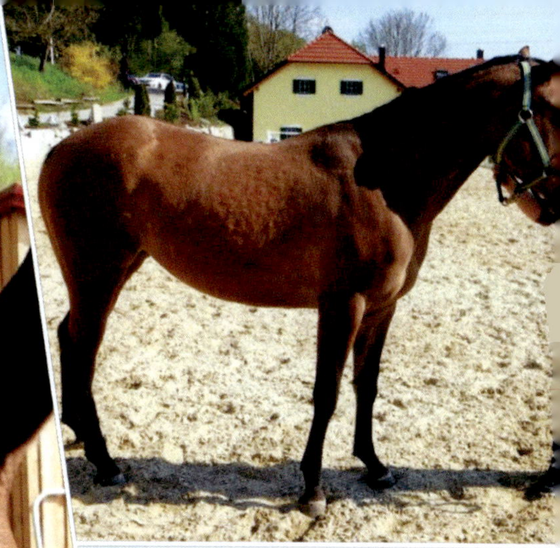

als sie mit ihrem Kopf auf Höhe meiner Knie ging und ich sie dann von oben am Kopf streicheln konnte. Sie vertraute dem Menschen sofort und somit konnte ich sie in dieser Position echt lange kraulen. Es war nur eine kleine Geste, aber sie signalisierte mir damit, dass sie wusste, dass ich auf sie aufpassen würde. Das berührte mich zutiefst.

Meine Cousine übernahm in dieser Zeit den Vernunftposten. Ihr war es etwas suspekt, dass die Stute namens Golden Sunshine oder kurz Goldi wie man sie in diesem Stall nannte, trotz reinrassiger Appaloosa-abstammung nicht „bunter" war. Sie fing neben mir bereits an zu googeln. Die Besitzer erzählten mir außerdem, dass sie die Stute selbst erst seit zirka zwei Monate hatten und eigentlich für den Schulbetrieb ausbilden wollten. Wegen einer Verletzung der Besitzerin mussten sie diesen Plan leider an den Nagel hängen. Deswegen stand die Stute wieder zum Verkauf. Nach einigem Gequatsche und vielen Streicheleinheiten gingen wir schließlich auf den Reitplatz. Diesen hatte sie angeblich noch nie gesehen. Sie war sehr leicht zu führen und folgte mir willig. Man merkte kaum, dass da ein Pferd am anderen Ende des Führstricks war. Auf dem Reitplatz selbst ging ich ein paar Runden mit ihr am Hufschlag. Ich wollte ihr alles in Ruhe zeigen. Mir fiel sofort auf, dass entlang der Längsseite eine Schnur gespannt war. Diese schlug permanent gegen die Holzbande und machte dabei laute polternde Geräusche. Ich dachte mir nur: „O Gott, die meisten Pferde ticken da sicher komplett aus!". Doch Goldi überraschte mich. Sie wollte wissen was das ist. Deswegen ging sie schnurstracks darauf zu. Ich war beindruckt. Das hatte ich nicht erwartet. Nach Beendigung der Entdeckungstour mit lautem schnauben und herumschnüffeln, wollte ich sie frei am Platz laufen lassen. Und ich stellte fest, dass das mit einem rohen Pferd nicht nach Plan funktioniert. Sie guckte mich lediglich etwas verwirrt an, als ich sie mit dem Seil zu treiben begann. Es war der klassische „der Mensch wird vom Pferd longiert"-Ablauf. Sie ging im kleinen Kreis um mich herum und ich versuchte vergebens mich für sie verständlich auszudrücken. Schließlich haben wir es doch noch geschafft und ich konnte ein paar Schritte im Trab sehen. Der machte für mich einen stabilen und guten Eindruck. Im Nachhinein denke ich mir, dass ich mir das wahrscheinlich sparen hätte können. Ich hatte doch so gut wie keine Ahnung, auf was ich hätte achten sollen. Aber man tut als ob, denn man will vor dem Verkäufer nicht wie ein kompletter Anfänger dastehen. Nachdem wir sie anschließend wieder auf die Koppel gebracht hatten, wurde ein wenig Smalltalk betrieben und dann ging es für uns wieder zum Auto, denn wir hatten noch einen zweiten Termin vor uns. Mir hatte die Stute gefallen - sehr sogar, aber ich wollte keine voreiligen Schlüsse ziehen. Somit versuchte ich so gut wie möglich mein heftig klopfendes Herz zur Ruhe zu überreden. Immerhin wollte ich noch mit einem möglichst objektiven Blick das letzte Pferdchen begutachten.

Wir waren vor der Besitzerin da, aber da meine Cousine das Pferd bereits kannte, konnte sie ihn mir vom Paddockzaun aus zeigen und als superfreundliches Pferd kam er auch gleich auf uns zu. Der hübsche Kerl war eine Mischung aus Haflinger und Araber und zirka 140 Zentimeter groß. Sein Fell war fuchsfarben, doch seine Mähne war mit einzelnen hellen Haaren durchzogen, was einen interessanten Extension-Look daraus machte. Alles in allem ein prächtiges kleines Pferdchen. „Vielleicht ein bisschen zu klein?", kam es aus meinem Hinterkopf. Ich befahl meiner inneren Stimme erstmal die Klappe zu halten. Die Besitzerin traf dann auch kurze Zeit nach uns ein und erklärte uns, dass sie, seitdem meine Cousine das Pferd zuletzt besichtigt hatte, bereits mit dem Anreiten begonnen hatten. Es würde heute eine Freundin kommen und das zweite Mal auf ihm reiten und wir könnten gerne dabei zusehen. Das wollten wir auf keinen Fall verpassen. Die Besitzerin begann den jungen Burschen aufzuwärmen und auch ich durfte mit ihm arbeiten. Bei der Longenarbeit war er gut zu händeln und sehr aufmerksam – ein wahrer Musterschüler. Man merkte auch deutlich, dass er eine gute Grundausbildung genossen hatte. Alle Grundkommandos hatte er verinnerlicht. Schließlich packte man den Sattel auf das Pferd und die Freundin stieg auf. Die ersten Schritte wurden zuerst noch geführt und der kleine Mann benahm sich einfach nur vorbildlich. Er blieb ruhig und setzte gewissenhaft einen Huf vor den anderen. Innerlich dachte ich mir, dass aus ihm ein tolles Verlasspferd werden würde.

Der Nachhausweg wurde bei mir ein ständiges Abwiegen aller Argumente und ein Diskutieren der Vor- und Nachteile. Ich wusste, dass ich eines der beiden Pferde kaufen würde. Meine Cousine war von dem Wallach sehr angetan, doch bei mir schlug das Herz bei der Stute höher. Sie hatte das gewisse etwas, eine Besonderheit und genau dieses Tüpfelchen auf dem „I“ hatte ich gesucht. Ich wollte nichts übers Knie brechen und deshalb entschied ich mich eine Nacht darüber zu schlafen. Ich hatte meinem Freund vor dem Einschlafen noch alles erlebte erzählt, aber da er sich nicht sonderlich für Pferde begeistern konnte, war er mir nicht die beste Entscheidungshilfe. Um ehrlich zu sein, ich wollte mit keinem „vernünftig" darüber reden. Ich wollte jemanden, der mir sagt: „Ja, kauf die Stute! Das ist ein tolles Pferd! Das tollste auf der ganzen Welt!". Soviel zum Thema Objektivität. Am nächsten Tag hatte ich meine Entscheidung gefällt. Der Wallach war zwar nett, aber auf Dauer zu klein und einfach nicht „mein" Pferd. Die Stute jedoch schon. Diese Goldi würde meine Goldi werden. Gut, über den Namen müsste man noch reden, aber ich würde ein Pferd bekommen.

7

Ich rief die Besitzerin an. Diese war tatsächlich etwas überrascht, so früh nach der Besichtigung schon etwas von mir zu hören. Ich versicherte ihr, dass es mir ernst wäre und ich ihre Stute gerne kaufen würde. Gott sei Dank konnten wir uns auch mit dem Preis noch gut einigen, denn sie war ja eigentlich außerhalb meines Budgets, aber die nun vereinbarte Summe war noch innerhalb meiner Schmerzgrenze. Da ich Goldi aber noch etwas besser kennenlernen wollte, bevor wirklich alles abgewickelt war, vereinbarten wir noch eine Probezeit von zwei Wochen. Ich durfte so oft kommen wie ich wollte und mein Pferd und ich konnten uns miteinander vertraut machen. Es war eindeutig - ich war glücklich. Das Gefühl, eine wirklich gute Entscheidung getroffen zu haben, durchströmte mich. In den nächsten Tagen fuhr ich einige Male zu meinem neuen Baby. Zu Hause war ich wie ein kleines Häschen, das zu viel Red Bull erwischt hatte und nun wie ein Verrückter herumwuselte.

Im Stall meines Papas sammelte ich sogleich noch ein paar Sachen ein, die meinen früheren Pferden gehört hatten und ich jetzt wieder gebrauchen konnte. Darunter ein

Knotenhalfter und einen Strick für die Bodenarbeit. Da immer genug Reitbetrieb im Stall herrschte, ging ich meist spazieren. So hatten wir mehr Ruhe und konnten uns beide besser entspannen. So viel Bewegung war eher untypisch für mich. Wieso das, könnte man sich jetzt fragen? Ich finde spazieren gehen normalerweise ziemlich sinnbefreit. Man geht von A nach B und warum? Einfach nur um zu gehen? Ab jetzt hatte spazieren aber eine neue Bedeutung. Ich wollte MEIN Pferd kennenlernen und es bewegen. Unter völlig anderen Voraussetzungen lief ich daher kilometerlang über Stock und Stein und mein Pferdchen hinterher. Das war für mich, aufgrund meiner mangelnden Kondition, dementsprechend anstrengend. Nun war der Stall aber zusätzlich an einem ziemlich steilen Hang angesiedelt. Das hieß, es ging entweder hoch oder runter und egal wie du dich entschiedst, irgendwann ging`s immer bergauf. Meine Zwangspausen zum Luft holen nutzte ich dann für Fotos und Streicheleinheiten. Ich selbst war bei diesen Spaziergängen auf alles vorbereitet. Erschrak sie sich, wenn ein Auto vorbeifuhr? Wurde sie unruhig, wenn wir alleine im Wald waren? Das Fazit – Nein. Als das erste fahrende Objekt an uns vorbeifuhr, blieb ich breitbeinig stehen, beide Hände am Strick und wartete ihre Reaktion ab. Es gab aber keine. Sie schaute

mich nur interessiert an und fragte sich wahrscheinlich, warum ich so verkrampft in der Gegend rumstand. Kurz gesagt, sie überzeugt bereits zu dem Zeitpunkt mit ihren Qualitäten als Geländepferd. Diese Eigenschaft schätze ich noch heute an ihr.

Für die endgültige Bestätigung, dass mit meiner Stute alles in Ordnung war, machten wir eine Ankaufsuntersuchung. Die Tierärztin bescheinigte mir, dass mein Pferd etwas empfindliche Füßchen hatte und sie wahrscheinlich Hufeisen benötigen würde. Ansonsten war sie aber kerngesund. Nachdem sich das geklärt hatte, war klar, dass ich die zwei Wochen nicht abwarten würde, bis ich sie nach Hause holte. Das war mein Pferd und ich hatte keinerlei Zweifel daran.

Sogar mein Freund hat mitbekommen, dass es sich hierbei um ein besonderes Pferd handelte. Zu meiner Überraschung fuhr er einmal gemeinsam mit mir zu „Goldi", um sie kennenzulernen. Auch die beiden hatten sofort eine Verbindung zueinander, denn er führte sie als kompletter „Nicht-Pferdemensch" beim ersten gemeinsamen Spaziergang schon alleine. Mein Mädchen stellte ihre Anfängertauglichkeit sofort unter Beweis.

Glücklicherweise hatte sich auch noch ergeben, dass ich mein Pferd gegenüber meiner Wohnung auf einem Bauernhof einstellen konnte. Der Stall lag knappe 30 Meter von mir entfernt und war bequem zu Fuß zu erreichen. Es handelte sich zwar um einen Selbstversorgerstall, aber bei dieser minimalen Entfernung würde ich sowieso jeden Tag im Stall verbringen. Besser konnte es sich nicht mehr fügen. Mein Papa hatte sich als Transporteur zur Verfügung gestellt und so haben wir den Termin für die Abholung festgelegt – der 1. Mai 2015. An die Zeit bis zur Abholung kann ich mich eigentlich nicht mehr erinnern. Ich war aufgeregt und lief wahrscheinlich die meiste Zeit wie ein Roboter durch die Gegend (für genauere Infos fragt bitte meine Familie).

An besagten Tag sind wir früh morgens losgefahren und ich habe einfach nur gehofft, dass alles glatt läuft. Sie hatten mir zwar gesagt, dass es kein Problem mit dem Verladen und Fahren gab, als sie sie damals abgeholt haben, aber man weiß ja nie. Es wurde alles Schriftliche noch fertig abgewickelt und die letzten Glückwünsche ausgesprochen und dann ging es auch schon los. Leicht nervös holte ich sie aus der Box und ging langsam auf den Pferdeanhänger zu. Ich wollte ihr genug Zeit geben, sich alles anzuschauen und zu beschnuppern. Eigentlich hätte ich mir ja denken können wie es laufen würde. Sie hatte mich doch schon bei allen anderen Dingen auch überrascht. Schneller als ich registrieren konnte stand sie auf diesem Pferdanhänger. Jetzt war dieser Anhänger aber nicht irgendein normales Gefährt, das mit Gummimatten gepflastert war, sondern eher ein Viehtransporter, der innen für den Pferdetransport umgebaut werden konnte. Der ganze Hänger war komplett aus Eisen gebaut und ziemlich laut, wenn ein Pferd seine Hufe auf die Rampe setzte. Viele Pferdebesitzer hatten uns schon Jahre zuvor gesagt, dass ihre Pferde in so ein klapperndes Ding niemals einsteigen würden. Doch sie zeigte ihr Löwenherz und setze einen Schritt nach dem anderen in dieses komische, polternde Ding. Bis wir die Rampe des Anhängers wieder schlossen, vergingen nur ein paar Minuten.

Während der gesamten Heimfahrt klebte ich förmlich am Bildschirm der Kamera, die im inneren des Anhängers angebracht war. Bei jeder Kurve und jeder Unebenheit der Fahrbahn verfolgte ich alle ihre Bewegungen. Viel gab es nicht zu sehen. Sie stand ruhig da und fraß ab und zu ihr Heu, dass im Heunetz vor ihr aufgehängt war. Eigentlich nicht so spannend, aber es war ja jetzt mein Pferd, und zwar wirklich meins. Das war der schönste Gedanke für mich. Das Ausladen am Stall verlief ähnlich unspektakulär und ich brachte sie voller Stolz in ihre neue Box, die ich bereits am Vortag gemeinsam mit meinen neuen Stallkolleginnen für sie fertig gemacht hatte. Jetzt durfte sie erstmal ankommen, denn in diesem Moment hatte sich nicht nur ihr, sondern auch mein Leben für immer verändert.

8

Nun stand das Pferd zu Hause, doch „das Pferd“ ist eigentlich auch ein komischer Name. „Goldi“ war allerdings auch nicht unbedingt mein Wunschname, schließlich hatte ich ja keinen Goldhamster. Warum sie den Namen gewählt hatten, konnte ich aber durchaus nachvollziehen. Der volle Name lautete „Golden Sunshine“, somit hätte sich auch „Sunny“ als Spitzname angeboten. Dieser Name war für mich aber bereits vergeben und zwei „Sunnys“ wollte ich nicht. Jedes Pferd in meinem Leben hatte seinen eigenen Platz und da gehörte ein eigener individueller Name dazu.

Ich überlegte also hin und her und schließlich kamen mein Freund und ich auf eine engere Auswahl von Namen. Penny, Lorelay und Ruby waren unsere Favoriten. Die meisten von euch werden wahrscheinlich schon längst wissen, welcher Name schlussendlich das Rennen gemacht hat, obwohl ich schon sagen muss, dass alle Namen gepasst hätten. Allerdings setzte sich am Schluss Ruby durch und ich bin auch nach wie vor sehr glücklich mit dem Namen (auch wenn ich zwischendurch das Gefühl hatte, jedes zweite Bloggerpferd hieß Ruby oder so ähnlich). In ihren

Pferdepass ließ ich „Spot on Ruby“ eintragen, um auf ihre Abstammung hinzuweisen. Das ist bei Pferden, deren Herkunft bekannt ist, üblich.

Die ersten Tage gingen wir es sehr gemütlich an. Ruby stand nun im Stall gemeinsam mit einem Wallach und einer weiteren Stute. Sie lernten sich aber erstmal nur als Boxen- und Weidenachbarn kennen, denn ich wollte ihr Zeit zum Akklimatisieren geben. Wir machten die ersten Spaziergänge (bei richtig schlechtem Wetter - aber die Motivation war trotzdem hoch) und wir erkundeten den Reitplatz. Doch bereits am vierten Tag geschah etwas vollkommen Unvorhersehbares, was die noch sehr zarte und zerbrechliche Routine wieder über den Haufen warf. Die zweite Stute, die erst ein paar Monate vor Ruby bei meinen beiden Stallkolleginnen eingezogen war, bekam ein Fohlen. Keiner, wirklich keiner wäre auf die Idee gekommen, dass dieses Pferd trächtig war. Sie gehörte eher zu der „zu dünn“-Fraktion und zeigte auch sonst keine Auffälligkeiten. Das Fohlen war bildhübsch und glücklicherweise kerngesund. Da wir der frischen Mutter genügend Ruhe gönnen wollten, kamen an diesem Tag nur Ruby und der Wallach auf die Koppel und damit keiner alleine war, durften sie zusammen auf eine Weide. Mit einem Zaun dazwischen hatte es die letzten Tage schon richtig gut geklappt und somit haben wir uns keine weiteren Gedanken gemacht. Alles wirkte ruhig und gesittet. Durch die Aufregung um das Fohlen haben wir allerdings die beiden etwas aus den Augen verloren, und als Ruby wieder von der Koppel kam, waren zirka 15 Zentimeter von ihrem Mähnenkamm in mittleren Bereich geschwollen. Der Wallach dürfte wohl versucht haben, da Ruby rossig war, sie zu decken und hat Ruby auch ins Genick gebissen. Zum Glück war der Tierarzt noch im Stall, da das Fohlen gecheckt wurde und so konnte er die Erstbehandlung vornehmen. Ich war als frische Pferdebesitzerin vollkommen geschockt. Immerhin hatte ich mein Pferd erst ganze vier Tage und sie hatte bereits die erste Verletzung. So schnell kam ich wieder am Boden der Tatsachen an. Mit den Tagen fing die Verletzung auch an zu eitern und der Tierarzt musste nochmal zur Behandlung kommen. Es begann eine Prozedur von mehrmaligem täglichem Wundem ausspülen und desinfizieren. Nur gut, dass ich gleich neben dem Stall wohnte. Die Integration von Mutterstute und Fohlen hatte dann zum Glück gut geklappt. Innerhalb weniger Tage hatte sich diese Herde also verdoppelt.

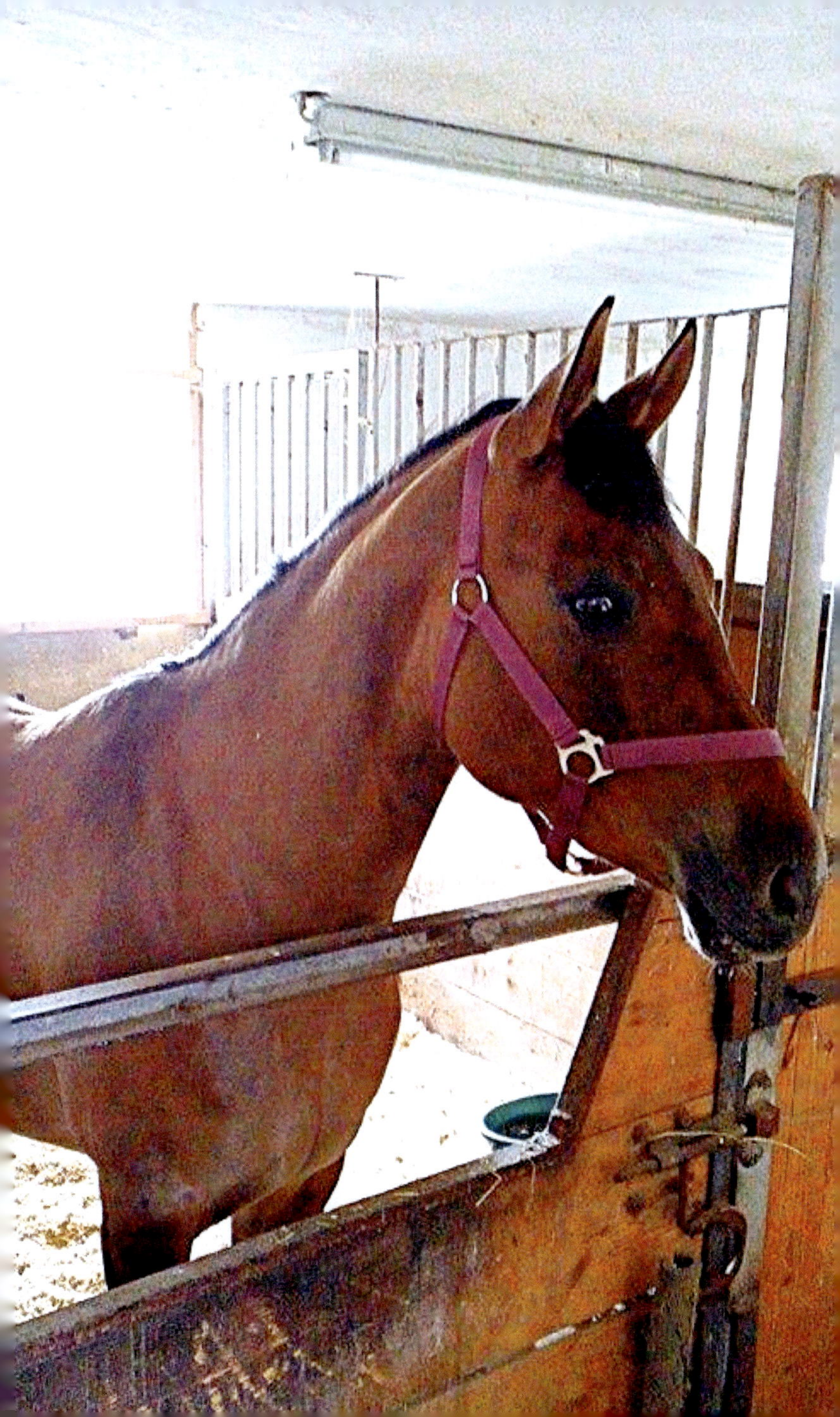

Als bei Ruby alles einigermaßen abgeheilt war, begann ich mit dem „richtigen" Training. Ich hatte mir auf YouTube hunderte Videos angeschaut und mich an mein Pferdetraining von früher erinnert. Als erstes wollte ich nun mit Vertrauens- und Respektübungen beginnen. Ebenso startete ich mit dem Longieren, um etwas Kondition aufzubauen. Ich kaufte ihr einen Westernsattel (Appaloosa war ja eine Westernpferderasse), der Hufschmied kam und zwischendurch ließen wir die Seele bei ausgedehnten Spaziergängen baumeln.

Ausflüge zu meinem Papa gehörten ab jetzt dazu. Er lag nur zirka eine Gehstunde vom Stall entfernt. Dieser hatte einen Roundpen und auf diesen wollte ich bei der Ausbildung von Ruby nicht verzichten. Gleichzeitig habe ich mir noch ein paar Tipps von ihm abgeholt. Schließlich hatte er auch viele Jahre an Pferdeerfahrung. Meine Motivation war groß. Dieses Pferd war die perfekte Mischung aus Spaß und Herausforderung. Stets musste ich überlegen, wie ich ihr verschiedene Dinge am besten beibringe, aber sobald sie verstanden hatte, konnte ich das Gelernte zuverlässig beliebig oft abrufen. Ich beschäftigte mich intensiv mit Pferdetraining, Gesundheit und die richtige Haltung und stieß immer tiefer in die Thematik vor. Meine Familie musste in der Zeit besonders leiden. Denn Pferde waren das einzige Gesprächsthema, das ich noch kannte. Sie bewiesen immer wieder große Geduld mit mir. Ich denke nicht, dass ihnen das immer leichtfiel.

Zirka drei Wochen nach dem Ruby bei mir eingezogen war, besuchte ich wieder meinen Papa. Ich hatte inzwischen immer alles dabei, denn ein Sattel am Rücken war für Ruby schon lange kein Problem mehr. Schon mehrmals hatte ich sie mit diesem „komischen Gerät" auf ihrem Rücken longiert und es hatte sie herzlich wenig interessiert. Eine coole Socke dieses Pferd. Ich arbeitete mit ihr im Roundpen und plötzlich meinte mein Papa, ich solle doch aufsteigen. Zu Hause hatten wir am Reitplatz schon ein bisschen herumprobiert. Anfangs mit alleinigem Gewicht im Steigbügel und später beugte ich mich auch vorsichtig über ihren Rücken. Mein Freund (der überraschend viel mit mir im Stall war) hatte sie dabei immer geführt und ich hatte mich mit möglichst gleichmäßigen Bewegungen getraut, so halb aufzusteigen. Doch an ein komplettes Aufsteigen hatte ich mich noch nicht herangewagt. Probieren geht über Studieren, wie man so schön sagt und ich wollte es versuchen. Mein Papa nahm den Führstrick und ich versuchte mein Glück. Ich stieg in den Steigbügel und zog mich langsam hoch (eine Aufstiegshilfe habe ich damals noch nicht benutzt). Ich schwang mein Bein in Zeitlupe über den Pferderücken. Mit einem Mal saß ich dann im Sattel - auf meinem Pferd. Sie fühlte sich so schmal an. Ein kleines Würmchen im Vergleich zu den anderen, schon völlig ausgewachsenen Reitpferden, die ich kannte. Zögerlich setzten wir uns in Bewegung. Ruby war hochkonzentriert. Sie passte ganz genau auf, was auf ihrem Rücken passierte. Es war ihr anzumerken, dass sie unter Hochspannung stand. Ich selbst bemühte mich um Entspannung, auch wenn es mir nicht besonders gut gelang. Nach ein-zwei zögerlichen Runden stieg ich wieder ab. Für Ruby war alles noch ein bisschen viel und ich wollte sie nicht überfordern. Aber alles war gut gegangen und ich hatte auf meinem wundervollen Pferd gesessen. Ich war noch „dezent" mit Adrenalin vollgepumpt, so aufgeregt war ich gewesen. Meinem Traum „Ruby als Reitpferd", war ich soeben einen riesengroßen Schritt nähergekommen.

Die nächsten Wochen machten wir wieder unser gewohntes Programm aus Bodenarbeit, Spazieren gehen und Übungen mit dem Sattel auf dem Rücken. Mir war es wichtig, dass sich unser Vertrauen ineinander aufbaute und unserer Bindung stärker wurde. Drei Wochen später ging es erneut zu meinem Dad. Dieses Mal sollte Ruby über Nacht bleiben. Für uns bedeutete dies jede Menge Zeit, um zu üben und mit ihr zu arbeiten. Der erste Tag verlief noch wie gewohnt und nach getaner Arbeit mit ihr, fuhr ich nach Hause.

Am nächsten Tag bekam ich plötzlich eine SMS von meiner Stiefmutter geschickt. Enthalten darin war ein Video in extrem schlechter Qualität. Aber ich erkannte Ruby und das jemand auf ihr ritt. Ich war komplett aus dem Häuschen. In Rekordzeit war ich angezogen und saß im Auto. Bei meinem Papa angekommen war dieser bereits wieder abgestiegen. Seine Erklärung zu dem Video war: „Ich hatte gerade Zeit und Lust und hab einfach mal probiert. Zuerst etwas Bodenarbeit und dann bin ich aufgestiegen." Ruby stand mitten im Roundpen und war tiefenentspannt. Man merkte nicht, dass sie gerade einen wahren Meilenstein geschafft hatte. Ich holte einen Helm (einen Ski-Helm, da sonst nichts Passendes da war und ich meinen natürlich in der Eile nicht dabeihatte). Jetzt war die Stunde der Stunde. Zuerst den Fuß in den Steigbügel und danach stieg ich auf mein Pferd auf. Der Unterschied war sofort spürbar. Jetzt war es für Ruby okay. Jetzt war sie soweit. Jetzt konnte sie alles zuordnen und die Skepsis war weg. Eine kurze Zeit ging ich noch am Führstrick, dann durfte ich meine ersten Runden im Roundpen ganz alleine drehen. Sie stapfte selbstbewusst im Schritt voran. Man merkte nicht, dass das ihre ersten richtigen freien Schritte unter einem Reiter waren. Kurz testete ich, ob auch die Bremse und die Lenkung funktionierten, aber alles schien im einwandfreien Zustand zu sein. Natürlich war noch alles etwas steif und nicht gerade ausbalanciert, aber in mir lief das Feuerwerk ab. Ich hatte meinem Papa mein Handy in die Hand gedrückt, damit er diesen Meilenstein festhalten konnte. Da alles toll funktionierte, drehten wir noch zwei Runden am Reitplatz der direkt nebenan lag. Für Ruby überhaupt kein Problem. Mein Gott fühlte sich das gut an! Mit großer Behutsamkeit versuchte ich ihr so viel wie möglich zu helfen und sie nicht zu überfordern. Aber soll ich ehrlich sein? Sie verhielt sich nicht wie ein Pferd, dass gerade die erste Reiteinheit hatte, sondern eher als wäre es die zehnte. Für mich war es die totale Bestätigung, dass sich eine gute Bodenarbeit und Vorbereitung auszahlte.

In weniger als zehn Minuten war alles vorbei und Ruby durfte auf die Koppel. Da sie sich so toll geschlagen hatte und es auch Freitag war, beschloss ich, sie noch das restliche Wochenende bei meinem Papa im Stall zu lassen. Ich ritt samstags und sonntags noch jeden Tag zirka zehn Minuten im Schritt auf ihr, um das Erlernte zu festigen und so schnell wie möglich eine Routine aufzubauen. Sie machte das alles locker und lässig und zeigte sich von ihrer besten Seite. Am Sonntag meinte mein Papa, dass ich fast schon heimreiten könnte, so brav wie sie war. Das war mir aber doch etwas zu früh und so ging ich zu Fuß mit Ruby nach Hause in dem Wissen, dass ich das letzte Mal selbst laufen würde.

9

Ab jetzt ging es stetig voran. Ich versuchte, so gut es meine Zeit erlaubte, jeden Tag zirka zehn Minuten zu reiten. Einfach nur, um diesen Ablauf fest in ihrem Gedächtnis zu verankern. Erstaunlich wie schnell es das Normalste auf der Welt wurde, auf Ruby am Reitplatz meine Runden zu drehen. Wir übten viel Stehenbleiben und Lenken und meine Hilfen kamen immer verständlicher zu ihr durch. Manchmal machte mir dieses Pferd direkt Angst, so brav und lammfromm wie sie war. Nach einer Woche Schritt hatte ich das Gefühl, dass es für Ruby leichter wurde, sich selbst unter dem Sattel zu koordinieren.

Damit wagte ich mich das erste Mal an den Trab und Ruby verstand die Welt nicht mehr. „Man kann unter dem Reiter doch nicht traben! Da fällt man doch um!“, musste sich Ruby gedacht haben. So stell ich mir das zumindest vor. Sämtliches Treiben mit Stimme und Schenkel blieb erfolglos. Der Knoten im Kopf meines Pferdes war einfach zu groß. Erst durch einen Klaps mit der Gerte, bei dem sie sich wahrscheinlich eher erschrak, als dass er wirklich „weh tat“, trabte sie an. Und siehe da, wir fielen nicht um und der geistige Knoten war weg. Ruby blieb ihrem Prinzip treu. Manchmal musste man ihr vielleicht etwas zweimal oder mit verschiedenen Ansätzen erklären, aber wenn sie verstanden hatte, dann war es gecheckt. Plötzlich waren auch die Stimme und der Schenkel genug und wir konnten beliebig oft antraben. Meistens nur ein paar Meter (Kondition und Balance lässt grüßen), aber immerhin ein Anfang.

Als wir uns schließlich in Schritt und Trab sicher fühlten, wollte ich das erste Mal mit ihr ins Gelände gehen. Ich wusste von den Spaziergängen, dass sie draußen super zu händeln war und Unbekanntem gegenüber eher neugierig als ängstlich gegenüberstand. Gemeinsam mit meiner Stallkollegin und ihrem Wallach ging es los zu unserem ersten Ausritt. Ich hatte die Auswahl meines ersten Ausrittpartners bewusst gewählt, da der Wallach meiner Freundin immer sehr ruhig und ausgeglichen war. Die ersten Minuten verliefen reibungsfrei, ich hatte auch eine sehr kleine Runde gewählt, um Ruby nicht zu überfordern. Doch dann kamen wir auch schon zur ersten Stelle, bei der unser „Beschützerpferd" nicht weitergehen wollte. Wie es bei Pferden ebenso vorkommt, hatte er irgendwas gesehen, dass aber nur er sehen konnte. Ich dachte mir: „Na toll, wenn Ruby das jetzt auch macht, sind wir ja sehr weit gekommen!". Ruby zeigte sich allerdings unbeeindruckt und marschierte schnurstracks an ihm vorbei. Dies endete dann darin, dass unser Zweitpferd eher überflüssig wurde und Ruby ganz selbstbewusst einen Schritt vor den anderen setzte. Manchmal wurde mir dieses Pferd echt unheimlich. Gewisse Dinge funktionierten zu reibungslos. Dieses Pferd konnte doch nicht erst ein paar Wochen eingeritten sein? Ich hatte aber anscheinend einen wahren Glücksgriff mit ihrem Kauf getätigt.

Auch wenn ich in dieser Zeit feststellen musste, dass man Schweif und Mähne wahrscheinlich nicht abgeschnitten hatte, sondern sie einfach nicht mehr wuchsen. Der Schweif war noch keinen Zentimeter länger geworden und mittlerweile hatte unser Fohlen schon mehr Haare als Ruby. Mit der Mähne konnte ich mich noch anfreunden. So würden wenigstens nie störende Haare beim Griff nach den Zügeln im Weg sein. Auch ein großer Teil von dem lästigem Schweif- und Mähne kämmen würde wegfallen (praktisch, wenn man sowieso kein Putzteufel ist). Der Schweif aber machte mir Sorgen. Mittlerweile hatten wir Hochsommer und die Fliegen und Bremsen machten Ruby das Leben echt schwer. Ständiges Auftragen von

10

Der erste Winter kam und damit auch die härteste Zeit in einem Selbstversorgerstall. Wir hatten zum Beispiel keine automatischen Tränken auf unseren Weiden. Das war im Sommer kein Problem, da legten wir den Gartenschlauch nach draußen. Sobald es aber zu frieren begann, mussten wir jeden Liter Wasser auf die Koppel tragen oder mit der Schubkarre nach draußen fahren. Das war auf einer holprigen oder matschigen Wiese bei Minusgraden ein echter Knochenjob. Da ich mir die Zeit in meinem Job gut einteilen konnte, war es für mich immer leicht möglich, dass ich die Pferde versorgen konnte. Zu meiner täglichen Routine gehörte daher schon bald, dass ich morgens, bevor es zur Arbeit ging, zu den Pferden schaute. Aber auch wenn ich die Arbeit gerne machte, stellt der Winter mit den kalten Temperaturen die Pferdeliebe immer auf die Probe. Vor allem wenn man so ein absoluter Morgenmuffel war wie ich es bin. Manchmal hatte ich das Gefühl, man sollte mich vor neun Uhr morgens auf keinen Fall ansprechen. Entweder man bekam keine Antwort oder man erntet nur einen verwirrten Blick. Nun könnt ihr euch vorstellen, wie ich in dieser Stimmung, dick eingepackt bei eiskaltem Wetter, die Pferde versorgte. Es war wirklich besser, dass

ich das alleine gemacht habe, so hat mich wenigstens keiner dabei gesehen, wie planlos ich manchmal herumgelaufen bin. Doch ich habe diese Arbeit immer gerne gemacht. Es gab wohl kaum einen schöneren Start in den Tag! Schon vor dem Frühstück von einer warmen Pferdenase begrüßt zu werden, war immer wieder etwas Besonderes und man hatte dadurch nie schlechte Laune.

Deswegen hatte sich in den letzten Wochen mehr und mehr ein Gedanke in meinem Kopf manifestiert. Ich war ein Mensch, der etwas immer zu einhundert Prozent machte oder es sofort bleiben ließ. Als sehr kreative Person musste ich mich oft selbst bremsen, um nicht fünfzig Projekte gleichzeitig anzufangen. Ansonsten wurde es nur frustrierend, da ich nichts vernünftig zu Ende bringen konnte. Nun war ich aber mit ganzem Herzen in der Pferdewelt. Meinen Job hatte ich damals aufgrund meiner Liebe zur Landwirtschaft gewählt und war auch glücklich mit meiner Tätigkeit. Ich hatte ein tolles Team, sympathische Kunden und perfekte Arbeitszeiten, aber etwas nagte in meinem Hinterkopf: „Was willst du wirklich machen? Was ist deine Berufung?“, waren nur einige der Fragen, die ich mir stellte. Ich genoss es, mit Ruby zu arbeiten, so viel draußen zu sein und mir immer mehr Wissen anzueignen. Doch ich wusste nicht, wie ich das beruflich machen könnte. Ich nahm mir vor, mit offenem Herz und offenen Augen durch die Welt zu gehen, denn der richtige Weg würde sich mir schon zeigen. Wie immer in meinem Leben sollte sich auch das bewahrheiten.

Ende Dezember bekam ich von meiner Freundin Lisa Besuch, die gemeinsam mit mir die Oberstufe besucht hatte. Sie selbst war auch begeisterte Reiterin und hatte zu der Zeit bereits zwei Pferde. Wir verbrachten einen tollen Nachmittag zusammen und erst gegen Abend erzählte sie mir von einer Ausbildung, die sie im Internet gefunden hätte. In dieser drehte sich alles um Pferdetherapie. Der Schwerpunkt lag dabei auf allem, was man mit den Händen machen konnte, also massieren, Physiotherapie, aber auch Osteopathie und Chiropraktik. Ich spürte etwas in mir. Ein Gefühl, das sagte: „Genau darauf hast du gewartet!". Jetzt muss man zur Erklärung ein bisschen ausholen, damit das nachvollziehbar ist. In meiner Familie gibt es sozusagen ein Traditionsgewerbe, das von Generation zu Generation weitergegeben wird. Bei uns wird das im Volksmund „Boandlrichta" genannt, was soviel wie „Knochenrichter" bedeutet. Meine Familie sorgt also dafür, dass im Körper alles dort sitzt, wo es auch tatsächlich hingehört. Würde man es auf einer fachlichen Ebene erklären, würde diese Tätigkeit der Chiropraktik wohl am nächsten kommen. Bis auf ein paar Ausnahmen hat sich meine ganze Familie dieser Tradition verschrieben, inklusive meines Bruders und meiner Schwester. Das heißt, die Standardfragen, wenn die Leute erfahren, aus welcher Familie ich komme sind: „Kannst du das auch? Warum machst du das nicht auch beruflich? Bekommt man diese Fähigkeiten vererbt? Hast du einen Röntgenblick?". Um alle mysteriösen Fragen gleich zu beantworten: Ich kann ganz gut massieren, darüber hinaus hantiere ich nicht am menschlichen Körper. Ich habe keinen Röntgenblick (ich danke dem Herrn dafür) und mit sonstigen Extraskills bin ich auch nicht ausgestattet.

Aber warum mache ich dieses Familienerbe nicht auch selbst beruflich? Ganz einfach, weil mein Herz an den Tieren hängt. Meine Vorfahren, die diese Form der Behandlung gestartet haben, wendeten diese Techniken auch an Tieren an. Wenn die Kuh vom Nachbarn sich ein Bein verstaucht hatte, wurde mein Ururgroßvater angerufen und der hat das wieder korrigiert. Somit wurden eine Menge Tiere vor der Notschlachtung bewahrt. Ab und zu kommen meinem Opa oder Papa heut noch ein paar

Tiere zwischen die Finger (wie das schon wieder klingt), aber das kommt inzwischen schon sehr selten vor. Das Hauptaugenmerk liegt eindeutig am Menschen. Ich denke, jetzt kann man sich schon recht gut vorstellen, warum in mir Euphorie aufstieg, als meine Freundin mir von der Pferdetherapie-Ausbildung erzählte. Hier würde ich alles, was ich mein Leben lang mitbekommen habe und wonach meine Familie schon immer gelebt hat, anwenden können. Nur auf meine Art und Weise und bei den Pferden. Meine Freundin meinte, dass sie diese Ausbildung gerne machen möchte, aber alleine wäre es eben viel Aufwand. Sie erklärte mir, dass die Ausbildung in der Nähe von München sei. Das hieß viele Hotelaufenthalte und lange Anreisen, durch die jede Menge Zeit auf der Strecke bleiben würde.

Sie fuhr an diesem Abend heim und ließ mich mit einem summenden Kopf zurück. Tun oder nicht tun, das war hier die Frage! Die Ausbildung würde etwas über ein Jahr dauern und beinhaltete monatliche Wochenendkurse. Ich sprach mit meinen Familienmitgliedern und mit meinem Freund darüber und (wie ich meine Familie dafür liebe) sie stärkten mir, wie bei all meinen Vorhaben, den Rücken. Also rief ich kurze Zeit später meine Freundin an und teilte ihr mit, dass ich gerade die Bewerbungsunterlagen weggeschickt hatte und kurze Zeit später erhielt ich die Rückmeldung von ihr, dass sie dies ebenfalls getan hatte. Somit hieß es Ausbildungsstart im nächsten Herbst. Für meinen Geschmack dauerte das noch eine kleine Ewigkeit.

11

Nach dem Winter kommt ja bekanntlich der Frühling und ich denke, dass ich es zuvor noch nie so intensiv wahrgenommen hatte, dass die Tage wieder länger wurden und die Temperaturen wieder stiegen. Genau aus diesem Grund habe ich auch den 21. Dezember für mich als offiziellen Feiertag eingeführt, denn ab diesem Tag steht die Sonne wieder jeden Tag ein bisschen länger am Horizont. Gerade dadurch, dass die Pferde so nah bei mir waren und ich fast jeden Tag im Stall war, konnte ich die wärmere Jahreszeit kaum erwarten. Über den Winter hatten wir so gut es eben auf dem gefrorenen Reitplatz ging, Bodenarbeit gemacht und, um Rubys Balance zu verbessern, waren viel ausreiten.

Doch dieses Jahr wollte ich ein neues großes Projekt angehen - Reitstunden mit Ruby. Ich hatte, seitdem ich sie angeritten hatte, kaum mehr Zeit im Sattel auf dem Reitplatz verbracht. Dementsprechend sahen unsere Versuche „schön zu reiten“ echt sehr durchwachsen aus. Das sollte sich nun ändern, immerhin hatte mich der Ehrgeiz ein bisschen gepackt. Ich wollte kein erstklassiges Dressurpferd, aber es wäre schon toll, wenn man eine vernünftige Trainingseinheit am Reitplatz gestalten konnte. Ich rief also einen Trainer aus meiner Umgebung an. Er war auf Reining - also eine Westernsportart - spezialisiert und wurde in meinem Umkreis von einigen gelobt. Zusätzlich war er auch mobil, das hieß, er kam zu mir in den Stall und das war megapraktisch. Die erste Reitstunde rückte näher und ich wurde nervös. Ich hatte ihn engagiert um etwas zu lernen, aber blamieren wollte ich mich nicht.

Am besagten Tag im April sattelte ich mein Pferd mit gemischten Gefühlen und begann, sie bereits vor der Stunde, ausgiebig aufzuwärmen. Der Trainer kam und war mir von Anfang an sympathisch. Er nahm sich Zeit und erklärte mir viele Dinge. Bald stellte sich heraus, dass ich keinen Grund hatte, nervös zu sein, denn es verlief alles sehr entspannt. Wir starteten damit, dass Ruby mehr auf meine Beinhilfen hören sollte. Diese ignorierte sie nämlich einfach, wenn es ihr gerade nicht in den Kram passte. Ein Knochenjob für mich, aber das Verhalten hatte ich selbst einschleichen lassen. Bitte nicht falsch verstehen, ich würde das mit dem Anreiten nochmal genauso machen. Allerdings wäre es klug gewesen, mich parallel auf einem anderen Pferd weiter ausbilden zu lassen. Aber hätte, hätte,

hätte half jetzt auch nicht weiter und deswegen musste ich da jetzt durch. Auch ganz lustig fand ich, dass Ruby es extrem suspekt war, dass da jemand in der Mitte stand und mit unseren Bewegungen mitging und dabei redete. Die Konsequenz daraus war, dass die gute Maus so langsam vorwärts ging, dass ich da oben ganz schön zu kämpfen hatte, sie überhaupt in Bewegung zu halten. Deswegen haben wir uns auch zu Ende der Reitstunde darauf geeinigt, dass ich mir Sporen zulegen würde. Es war absolut nicht zielführend, mit meinem Bein so grob zu werden, wenn eine kleine Sporenhilfe auch genügen würde. Dazu kann jeder seine eigene Meinung haben. Ich persönlich finde es tiergerechter, einmal kurz einen Impuls mit den Sporen zu geben, als mit dem Bein ständig am Treiben zu sein.

Die Reitstunde selbst verlief sehr positiv. Unter der Anleitung des Trainers konnte ich am Ende einen Zirkel galoppieren. Klingt einfach oder? Ihr hättet unseren ersten Versuch sehen sollen. Wie gesagt, Ruby war bis jetzt ein Wald- und Wiesenpony gewesen. Doch von jetzt an, nahm ich alle zwei Wochen Reitstunden. Dabei stellten sich so schnell Erfolge ein, dass ich es selbst kaum glauben konnte. Ich lernte sehr viel dazu und Ruby konnte meine Hilfen (die jetzt auch tatsächlich vorhanden waren) auch gut umsetzen.

Richtig lustig wurde es aber, als er meinte, wir sollen seitwärts über eine Stange gehen. Rubys Reaktion war darauf: „Was? Das soll ich zwischen meinen Beinen haben? Niemals!". Nach ein paar kläglichen Reitversuchen stieg ich schließlich ab und zeigte es ihr vom Boden aus. Nach anfänglicher Skepsis und ein paar Knoten in den Beinen verstand sie dann, was von ihr verlangt wurde. Bald musste ich sie bremsen, dass sie nicht alles von sich aus machte und schusselig wurde. Dieses Pferd bot so viel an, dass ich immer darauf achten musste, dass sie mir nicht jede Übung vorwegnahm. Das lieferte auch immer wieder gehörigen Zündstoff, denn meine größte Baustelle war und ist die Geduld. Immer wieder musste ich mir in meinen Gedanken gut zureden, um nicht komplett frustriert zu sein. Dieser Gefühlszustand nutzte keinem und ich selbst wurde dabei unausstehlich. Das Pferd litt darunter und ich neigte dazu, unfair zu werden.

Deswegen nahm ich mir immer wieder bewusst vor, in jeder Situation die Ruhe zu bewahren, tief ein- und auszuatmen und mit einem neuen Versuch alles von vorne anzugehen. Mit Entspannung und mit der nötigen Zeit die es brauchte. Meistens ging es dann gleich besser und so konnten wir auch die Dinge, die anfangs immer unüberwindbar aussahen, lösen. Überraschenderweise konnte mein Pferd erstaunlich viel von Natur aus, wenn ich mich nur klar ausdrückte und die Ruhe selbst war. Klingt jetzt komisch oder? Aber tatsächlich waren alle Dinge, die ich Ruby beibrachte, natürliche Bewegungsabläufe, nur eben kontrolliert ausgeführt. Wir lernten gemeinsam, wie wir uns harmonisch als Einheit bewegen konnten.

Ich dachte mir dabei oft, dass unser Weg nicht für jeden passen würde. Für manche würde alles zu langsam gehen. Eins ist sicher. Wenn ich mein Pferd in die Hände eines Profis gegeben hätte, um ihr all diese Dinge von Anfang korrekt einzulernen, wären wir jetzt an einem ganz anderen Punkt in unserer reiterlichen Laufbahn. Mit Sicherheit hätte auch alles, das ich mit Ruby gemacht habe, fürchterlich schief gehen können. Oft genug sehe ich Pferde, die meiner Meinung nach bei den falschen Besitzern gelandet sind oder die mit mangelndem Wissen ausgebildet wurden. Etwas auszubügeln, dass bei einem Pferd tief im Gedächtnis eingeprägt wurde, ist eine sehr mühevolle Arbeit. Ich bin mehr als froh, dass alles so abgelaufen ist, denn Ruby hatte genug Zeit sich körperlich zu entwickeln. So ist sie heute noch frisch und „unverbraucht" im Kopf. Das Einzige was zählt.

12

Wie ihr bereits wisst, hatte sich nicht nur meine Offline-Welt auf Pferde umgestellt, sondern auch Online hatte sich bei mir jeder Newsfeed und vorgeschlagene Beitrag verändert. Inzwischen hatte ich mir nicht nur Wissen über Pferde übers Internet angeeignet, sondern ich habe auch begonnen, verschiedene Pferdeyoutuber intensiver zu verfolgen. Über die vielen Videos bekam ich tolle Einblicke in deren Alltag und lernte viele verschiedene Herangehensweisen kennen. Ich war dabei auch nicht auf einen Reitstil beschränkt, sondern habe mir die unterschiedlichsten Dinge angeguckt.

Ich bin selbst immer eine sehr offene Person gewesen und habe gerne Sachen ausprobiert. Ab und zu habe ich mich schon dabei ertappt, dass ich beim Schauen dieser Videos innerlich zu mir sagte: „Das kann ich auch!“. Es aber wirklich zu tun, war etwas völlig anderes. Doch im Sommer 2016 hatte mich dann mein Ehrgeiz endgültig gepackt. Ich hatte begonnen, öfter mit dem Handy mitzufilmen, musste mir aber eingestehen, dass die Qualität sehr schlecht war. Besonders witzig war auch, dass ich zwar im Umgang mit Menschen immer eine sehr große Klappe hatte, aber wenn man dann ins Handy hineinsprechen sollte, ich plötzlich sehr steif wirkte und keinen vernünftigen Satz herausbrachte. Ich fragte mich auch immer selbst: „Soll ich nun Hochdeutsch sprechen, damit mich jeder versteht, oder in meinem Dialekt reden?". Ich konnte mich nicht entscheiden, weshalb ich ständig hin und her wechselte (Ich rate dringend davon ab). Das war nicht gerade von Vorteil. Es hörte sich grauenvoll an und wirkte vollkommen künstlich und unnatürlich.

Dennoch hatte ich bereits begonnen, einzelne kurze Handyvideos auf YouTube hochzuladen. Meinen Kanal hatte ich noch von der Schulzeit, aber es fehlte der passende Name. Sollte dieser auf Englisch oder Deutsch sein? Einfach nur meinen eigenen Namen zu verwenden war mir zu unkreativ. Es sollte schon etwas mit Stil sein. Plötzlich fiel mir dieses Lied ein „My Bony is over the ocean". Darüber kam ich dann zu „My Bony and me" und dann war es nicht mehr weit zu „My Ruby and Me". Ich fand den Namen extrem stylisch. Er ging leicht über die Zunge und ich fand, dass er auch Wiedererkennungswert hatte. Also der Name stand, nun fehlten nur noch „richtige" Videos.

Mein Freund hatte schon mitbekommen, dass mich das Bloggerfieber etwas gepackt hat und deswegen äußerte ich ihm gegenüber den Wunsch nach einer Videokamera. Anfänglich war er skeptisch, ob man den gleich eine Menge Geld ausgeben müsste, wenn ich doch noch gar nicht wüsste, ob ich das länger machen wollte. Doch schließlich willigte er ein. Er trommelte die ganze Familie zusammen, die alle zusammenzahlten, damit ich an meinem Geburtstag am 5. Juli einen Camcorder geschenkt bekam. Juhu! Perfekterweise fuhren wir kurz darauf in den Urlaub und ich konnte mein Geburtstagsgeschenk testen. Es machte mir von Anfang an extrem viel Spaß. Ab und zu war es zwar eine kleine Herausforderung meinen Freund vor die Kamera zu bekommen (er ist bis heute sehr kamerascheu), aber auch ihn habe ich in unaufmerksamen Augenblicken vor die Linse bekommen (Hihi). Wieder zu Hause angekommen, habe ich mich stundenlang hingesetzt, um das erste Video zu schneiden. Ich habe damals noch mit einem Gratisprogramm gearbeitet, dessen Rechenleistung so unterirdisch war, dass ich regelrecht verzweifelte. Noch dazu, weil kurz bevor ich fertig war, das Programm nochmal das gesamte Video löschte und ich erneut von vorne anfangen durfte. Ich habe zu dieser Zeit nur Videos gemacht, bei denen Sequenzen zusammengeschnitten und mit Musik unterlegt wurden. So richtig in die Kamera zu quatschen, traute ich mich noch nicht. Als ich das Video endlich fertig abspeicherte, war ich stolz auf mich. Es war für meine Begriffe echt gut geworden. Jedem der es sehen wollte - und auch jedem der es nicht sehen wollte - hielt ich es unter die Nase. Dieses Video wollte ich allerdings nicht auf meinem YouTube-Kanal hochladen. Es ging ja nicht um Pferde.

Somit traf es sich perfekt, dass ich Ende Juli mit Ruby drei Tage wegfahren wollte. Meine Freundin Lisa, mit der ich im Herbst meine Ausbildung starten wollte, nahm mich mit auf einen Cutting Kurs (Cutting ist ein Begriff für das Treiben von Rindern). Das hieß, Ruby und ich würden endlich unser Cowboyerbe antreten und Rinder hüten. Der Hof, auf dem der Kurs stattfand, war in Niederösterreich an der Grenze zu Tschechien. Das tolle war, dass wir ins Nachbarland hinüberreiten konnten und dort breiteten sich hektarweise Naturschutzgebiet vor einem aus. Endlose Weiten von nahezu unberührter Natur, durch die sich viele Wege schlängelten und wir durften überall reiten! Das konnten wir uns natürlich nicht entgehen lassen. Deswegen fuhren wir bereits am Freitag los, um den Tag noch im Gelände zu verbringen. Dabei durfte jetzt natürlich die Kamera nicht mehr fehlen. Ich hatte mir gleich noch eine Bauchtasche gekauft, in der ich meinen Camcorder auch beim Reiten gut transportieren konnte. Jetzt war ich startklar. Das Gebiet war der Wahnsinn zum Ausreiten. In der Mitte des Naturschutzgebietes verlief eine schmale Straße, an deren Ende ein Gasthaus lag. Links und rechts war einfach nur Natur. Es gab auch keine Karte, weil man zwangsläufig immer wieder auf diese Straße kam und man sich so eigentlich nicht verirren konnte. „Eigentlich" ist hier das passende Wort, denn selbstverständlich haben wir es geschafft uns komplett zu verreiten. Was ich aber tatsächlich niemals geahnt hätte ist, dass nur 500 Meter nach der österreichischen Grenze niemand mehr Deutsch spricht. Unsere Handys hatte keinen Empfang mehr und so haben wir uns teilweise durch richtiges Unterholz durchgekämpft und sind am Schluss sehr erschöpft und über richtig viele Umwege wieder zu unserem Quartier zurückgekehrt. Aus unserem lockeren Ausritt sind 30 Kilometer geworden, unsere Pferde waren richtig müde. Jetzt hatten wir aber noch zwei Tage Kurs zu bewältigen.

Am nächsten Tag standen wir beide etwas gerädert auf und auch den Pferden merkte man es an, dass sie noch geschafft

waren. Nach dem Warmreiten waren aber beide Stuten wieder munterer. Einen großen Vorteil hat das Rinder treiben, denn es kommt nicht auf Geschwindigkeit an, sondern auf Strategie. Ich war gespannt wie Ruby auf die Kühe und Kälber reagieren würde. Vom Ausreiten kannte sie Kühe bereits und sie waren nie ein Problem gewesen. Meistens gab es nur großes Staunen auf beiden Seiten. Glücklicherweise konnten sich Rind und Pferd auch erst durch ein Gatter beschnuppern. Damit konnte ich Rubys Reaktion ein bisschen besser einschätzen. Sie wirkte wie erhofft relativ cool - und wahrscheinlich auch etwas müde - und auch als die Rinder auf den Reitplatz getrieben wurden, änderte sich das nicht. Wir starteten damit, die Rinder zu umkreisen und immer schön zusammenzuhalten. Klingt nicht schwer? Wir waren immer zirka zwölf Pferde auf den Reitplatz und trotzdem haben es immer wieder Rinder geschafft, zwischen zwei Pferden durchzuschlüpfen. Gleichmäßigkeit war das A und O, um die Rinder nicht nervös zu machen.

Am faszinierendsten war, dass die Pferde sofort verstanden, welchen Job sie hatten. Wir waren ein wild zusammengewürfelter Haufen und die meisten Pferde kannten sich nicht, aber sie wussten, dass sie die Rinder nur zusammen kontrollieren konnten. Deswegen gab es kein gegenseitiges Anquietschen oder Ausschlagen. Sie verhielten sich wie eine Herde. Ich denke, dass man unsere Truppe nach diesen zwei Tage ohne sich große Gedanken zu machen auf eine gemeinsame Weide hätte stellen können und es wäre nichts passiert. Ebenfalls erstaunlich fand ich die Tatsache, dass Ruby viele Dinge, die wir in den Reitstunden gelernt hatten, die uns aber noch Probleme machten, auf einmal perfekt konnte. Und zwar nur deshalb, weil sie nun verstand, warum sie es machen musste. Ein Beispiel dafür waren Seitengänge. Ein paar einzelne Tritte waren für Ruby nie ein Problem gewesen, allerdings kam sie immer nach ein paar Schritten ins Stocken. Beim Rinder treiben mussten wir allerdings ganze Reitplatzlängen seitwärts gehen, um die Rinder bestmöglichst zu kontrollieren. Wir stellten uns zwischen zwei erfahrene Pferde und plötzlich machte Ruby von alleine alles richtig.

Ab diesem Zeitpunkt habe ich mir geschworen, sollte ich mein Pferd jemals in einem Turniersport ausbilden, wird es etwas sein, wo mein Pferd aktiv mitdenken muss und auch einen Sinn darin erkennt. Denn ich habe gesehen und gefühlt, was es für einen Unterschied für das Pferd macht und das machte den entscheidenden Unterschied für mich. Ich kann mir auch gut vorstellen, dass so manches hochklassiges Turnierpferd Lektionen besser ausführen würde, wenn es sie bei der Rinderarbeit anwenden dürfte. Ich war auf jeden Fall begeistert und wollte nicht nach Hause fahren. Dank meines Freundes, hatte ich auch tolle Videoaufnahmen und konnte zu Hause mein erstes richtiges YouTube-Video schneiden und hochladen. Wenn ich damals nur gewusst hätte, wo mich diese Reise hinführen würde.

13

In meinem Leben drehte sich allerdings nicht alles um Pferde, immerhin hatte ich ja noch einen Job. Ich war im Außendienst bei Landwirten und Händlern unterwegs und war mittlerweile gut eingearbeitet. Ich kannte mich mit meinen Produkten aus und hatte das Vertrauen meiner Partner gewonnen. Allerdings stand uns eine große Veränderung ins Haus, von der keiner auch nur das Geringste ahnte.

Angefangen hatte alles damit, dass ein Kollege, mit dem ich ziemlich viel Kontakt hatte, ohne Grund entlassen wurde. Er hatte hervorragende Arbeit geleistet und ich war schockiert. Mein Chef beteuerte uns allen, dass er diese Entscheidung ganz und gar nicht befürwortete. Doch ich arbeitete in einem großen Konzern und die Anweisung war von einer weit höheren Führungsebene gekommen. Wir hatten damals mit unserem Team, dass aus (zusammen mit mir) fünf Außendienstmitarbeitern bestand, ganz Österreich betreut und mit unseren Produkten versorgt. Nun musste das Gebiet, das mit der Entlassung meines Kollegen unbesetzt war, neu verteilt werden. Da es an mein Gebiet angrenzte, war es nur logisch, dass ich einen Teil davon übernehmen sollte. Für mich hieß das im Klartext, zusätzlich zu meinem bisherigen Gebiet (Oberösterreich) noch die Hälfte von Niederösterreich mit zu managen. Noch immer geschockt darüber, dass mein Kollege aus heiterem Himmel weg war, zweifelte ich daran, dass ich in die Fußstapfen meines Kollegen treten konnte. Er war sehr engagiert gewesen und ein wahrer Fachmann. Obwohl er vom Dienst bereits freigestellt war, fuhr er mit mir zu allen Händlern, stellte mich vor, informierte mich über alle Geschehnisse und machte mit mir eine tadellose Übergabe.

Der Großteil lief ohne Zwischenfälle ab. Landwirtschaftliche Händler sind es im Normalfall gewöhnt, immer eine große Anzahl an Außendienstmitarbeitern kommen und gehen zu sehen und es ist schon fast die Ausnahme, wenn einer mehr als ein bis zwei Jahre durchhält. Auch bei unserer Firma hatte es schon regen Personalwechsel gegeben, aber seitdem mein Chef das ganze unter sich aufgebaut hatte, (Ende 2014) war alles sehr stabil gewesen. Dementsprechend bekam ich den ein oder anderen Kommentar zur Zuverlässigkeit unserer Firma zu hören. Meinen Mut steigerte das nicht. Es würde mit Sicherheit eine harte Zeit werden, in der ich alle neuen Partner von meinen Qualitäten überzeugen musste.

Mein Kollege räumte Ende Juni das Feld und das hieß auf einen Schlag mehr Arbeit für mich. Meine Arbeitstage wurden länger und mein Telefon klingelte öfter.

Schnell musste ich einsehen, dass ich für mich und Ruby eine neue Lösung brauchte. Ich war immer noch in meinem Selbstversorgerstall und mittlerweile waren auch zwei der inzwischen drei anderen Mädels in andere Wohnungen umgezogen oder gerade am Haus bauen und ich war somit die letzte, die neben dem Stall wohnte und freie Zeiteinteilung hatte. Bis jetzt hatte ich auch noch alles unter einen Hut gebracht, doch nun wurde meine Zeit echt knapp. Noch dazu startete bald meine Ausbildung und dann wären die freien Wochenenden noch limitierter. So praktisch es auch war, das Pferd gleich nebenan zu haben, es musste eine Änderung her. Ich musste einsehen, dass ich Ruby in einen Pensionsstall geben musste, bei dem die Versorgung übernommen wird. Dann müsste ich mir auch bei längeren Arbeitstagen oder Firmenreisen keine Gedanken über ihr Wohlergehen machen. Doch wohin mit ihr?

Einen guten Platz zu finden, war nicht leicht, immerhin sollte nicht nur die Fütterung und Haltung okay sein, sondern ein Reitplatz und nette Stallkollegen waren auch wichtig. Sämtliches Suchen brachte mir nicht den gewünschten Erfolg. Ich war nur froh, dass ich keinen großen Zeitdruck hatte, aber ich wollte es vor dem Start meiner Ausbildung erledigen, da ich dann tagelang nicht da sein würde.

Ich verbrachte sicher zwei Wochen damit, in der Umgebung nach freien passenden Einstellplätzen zu suchen, bis es mir wie Schuppen von den Augen fiel. Ich wollte einen Offenstall, bei dem ich wusste, dass gewissenhaft mit den Pferden umgegangen wurde? Gab es den jemanden von dem ich wusste, dass er gerade einen Pferdestall mit eben genau diesen Kriterien baute? Und ihr könnt es euch vielleicht schon denken. Ja, ich kannte so jemanden! Mein Onkel und meine Tante hatten dieses Jahr beschlossen, die Rindermast aufzugeben und auf Pferdehaltung umzustellen. Sie bauten gerade einen nagelneuen Offenstall und waren zirka fünf Minuten mit dem Auto von mir entfernt. Sie wollten zwar nur ältere Pferde einstellen, da sie keinen Reitplatz hatten, aber ich dachte mir, ich könne ja auch zu meinem Papa reiten, wenn ich wirklich auf einen Reitplatz wollte. Dieser war auch nicht so weit entfernt und Ruby wäre gleich richtig gut aufgewärmt. Wie sehr konnte man eigentlich neben sich stehen? Da zermarterte ich mir das Hirn darüber, wo ich mein Pferd hingeben sollte und meine Verwandtschaft baute gerade das perfekte Plätzchen. Ich rief sie sofort an und siehe da, ich war die erste die sich als neue Einstellerin anmeldete. Sie hatten zwar geplant, dass die ersten Mieter frühestens im Herbst einziehen würden, aber extra für mich machten sie bereits einen Bereich fertig. Es gab zwar noch keine anderen Einstellpferde, aber meine Tante hatte fünf kleine Ponys, die sich zu Ruby gesellen konnten. Für die wenigen Monate bis andere Pferde kamen, war das kein Problem.

Schweren Herzens, aber auch sehr erleichtert darüber eine gute Lösung gefunden zu haben, erzählte ich meinen Stallkolleginnen von meinem Vorhaben. Es war für mich irgendwie die Beendigung einer Ära. Man braucht nicht viel Fantasie, um sich vorzustellen, wieviel Zeit wir miteinander verbracht hatten. Wieviel wir gelacht hatten und zusammen für unsere Pferde gearbeitet hatten. Nur zu gern dachte ich an die unzähligen Lagerfeuerabende und die Diskussionsrunden auf einer Bank direkt neben dem Reitplatz zurück. Wir waren eng zusammengewachsen und hatten die Entwicklungen von jedem einzelnen hautnah mitbekommen. All das war jetzt zu Ende und wenn ich sagen würde, dass mir das leichtgefallen wäre, würde ich nur lügen. Aber ich wusste, es musste sein. Mitte August packte ich also meine Sachen. Da der neue Stall nicht weit entfernt war, konnte ich dorthin reiten, was alles erheblich vereinfachte. Mein Freund packte sein Auto voll und transportierte alle restlichen Sachen sicher in den neuen Stall. Als ich vom alten Stall weg ritt, ging uns das Fohlen, dass Rubys beinahe Ziehtocher war, noch auf der Koppel nach und ich spürte einen Kloß im Hals. Um die Beziehung zwischen den beiden, tat es mir besonders leid. Ich hoffte, dass Ruby viele neue Pferdefreundschaften knüpfen würde.

Der Ritt selbst verlief problemlos und somit kamen wir zwar gut durchgeschwitzt (es war Mitte August), aber wohlbehalten an. Ruby kam in ihr neues Abteil, das zwar für zwei Pferde geplant war, sie aber erstmal ganz alleine für sich hatte. Sie erkundete gleich jede Ecke und ich merkte, dass es ihr sichtlich Spaß machte sich frei bewegen zu können. Sie war zwar mit ihrer Box immer gut klargekommen, aber mehr Bewegung war eben mehr Bewegung. Der Stall war in vier Bereiche gegliedert. Vorne war der Fress- und Trinkbereich, wo Heuraufen und

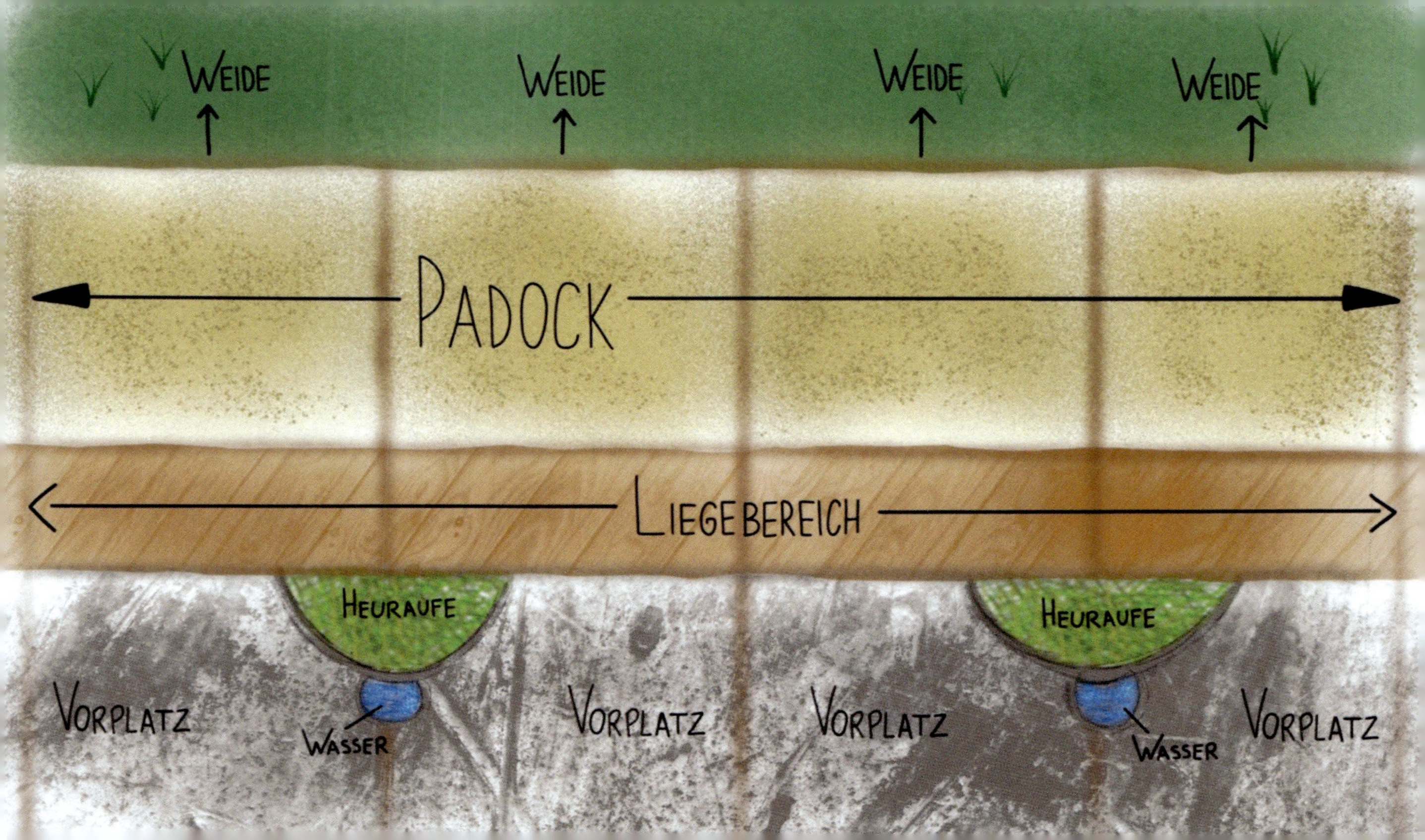
WEIDE
WEIDE
WEIDE
WEIDE
PADOCK
LIEGEBEREICH
HEURAUFE
HEURAUFE
VORPLATZ
WASSER
VORPLATZ
VORPLATZ
WASSER
VORPLATZ

Tränkebecken zu finden waren. Hier waren auch die Tore, wenn man sein Pferd aus dem Stall holen wollte. Dieser Bereich war halb überdacht. Weiter hinten war der Liegebereich, der komplett mit Stroh ausgelegt und vollkommen überdacht und windgeschützt war. Durch diesen Bereich kamen die Pferde raus auf den Paddock. Durch den Sandboden war er bei jeder Witterung benutzbar, sodass sie sich auch nachts und bei Schlechtwetter immer nach Herzenslust bewegen konnten. Auf den Paddocks waren die Tore zu den Weiden, die immer geöffnet waren, sobald es die Bodenverhältnisse zuließen.

Zwischen dem mit Stroh eingestreuten Bereich zum Liegen und dem Paddock war ein Plastikvorhang aufgehängt, um den Wind fern zu halten und den fand Ruby am Anfang etwas gruselig. Geduldig zeigte ich ihn ihr. Bereits nach dreimal durchführen, hatte sie verstanden, dass sie ihn einfach mit dem Kopf zu Seite schieben konnte. Seitdem läuft sie immer mit vollem Karacho durch, dass man nur hoffen kann, dass niemand auf der anderen Seite steht, den sie rammen könnte. Kurze Zeit später lernte sie ihre zukünftigen Koppelkollegen, die Ponys, kennen. Ein bisschen quietschen hier und ein bisschen Ohren anlegen da, aber im Großen und Ganzen verlief alles sehr friedlich. Ich räumte beruhigt meine Sachen ein. Für die Einsteller war eine komplett neue Sattelkammer eingerichtet worden, die dank der Tischlerkünste meines Cousins richtig edel aussah.

Nach einer Weile, in der ich mein Pferd intensiv beobachtet hatte und gemerkt habe, dass Ruby zufrieden ihr Heu fraß, den Paddock besichtigte und ihren Spaß mit dem Plastikvorhang hatte, fuhr ich müde, aber dennoch zufrieden nach Hause. Klar würde es eine Umstellung werden nicht mehr zu Fuß zum Pferd gehen zu können, aber ich wusste, dass es ihr gut gehen würde. Ich hatte eine Sorge weniger.

14

In meiner Firma ging es nun Schlag auf Schlag. Die Maßnahmen, die gesetzt wurden, ergaben auf einmal Sinn. Ende August wurde uns in einem Meeting erklärt, dass unsere Firma vom Mutterkonzern verkauft wurde. Alle Schritte des Unternehmens hatten anfangs nur wie eine Kosteneinsparungsmethode gewirkt. Nun fügte es sich zu einem großen Ganzen. Man wollte die Firma möglichst profitabel aussehen lassen, um sie teurer zu verkaufen. Offensichtlich hatte das geklappt.

Wir würden in Zukunft von einer Investorengruppe geleitet, die auf Unternehmen spezialisiert war, die chemische Produkte verkauften. Da wir Hygieneprodukte für die Landwirtschaft produzierten, hatten wir mit Chemikalien zu tun. Chemikalien deren Zulassungen viel Geld kosten und das rentiert sich mehr, wenn man diese für mehrere Firmen nutzen kann. Mit dieser Umstellung kam ich noch gut zurecht, allerdings wurde uns auch erklärt, dass wir unseren Chef verlieren würden. Das traf mich schwer, denn dieser Mann hatte mir die Türen für so viele Möglichkeiten geöffnet. Er hatte damals das Vertrauen in mich gelegt, als ich gerade einmal zwanzig war. Aus über zehn anderen Bewerbern hatte er sich für mich entschieden und seine Führungsqualitäten waren schlicht außerordentlich. Ich wollte nicht, dass er ging. Denn er trug einen großen Teil dazu bei, dass der Job so viel Spaß machte. Auch meine Kollegen waren alles andere als begeistert.

Der neue Chef war ein junger Franzose, der kein Wort Deutsch sprach. Allerdings versicherte er uns, dass er die Sprache lernen würde. Für mich war das das kleinste Problem, da ich ganz gut Englisch sprach. Jedoch waren meine Kollegen im Schnitt zwanzig bis dreißig Jahre älter und taten sich dementsprechend schwer, seinen Worten ohne einen Dolmetscher zu folgen. Er war außerdem nicht nur für uns, also somit für das Land Österreich, sondern auch für drei weitere Länder im Osten Europas zuständig. Diese unterschieden sich in der landwirtschaftlichen Struktur komplett von Österreich, da sie viel größere Flächen und Betriebe hatten. Ob er den Spagat dazwischen schaffen würde? Meine Kollegen zweifelten stark, aber ich wollte ihm zumindest eine Chance geben. Ab jetzt hieß es also vier Außendienstmitarbeitern, ein Produktmanager und der neue Chef. Unser Team war seit Beginn der Umstellungen schon um zwei Mitglieder geschrumpft.

Unsere schlimmsten Befürchtungen sollten sich in den nächsten Wochen bewahrheiten. Wir hatten kaum Kontakt zu unserem Chef und mussten sehr viel in unseren jeweiligen Gebieten im Alleingang regeln. Das führte natürlich zu neuen Komplikationen, die es zuvor nicht gab. Die gesamte Logistik, die immer schon eine Herausforderung war, wurde auf neue Beine gestellt. Das führte zum puren Chaos. Wir hatten Lieferungen an falsche Orte mit beschädigten Behältern (das bei Chemikalien sehr problematisch ist) und vorgegebene Zeitrahmen die nicht eingehalten wurden. Im Oktober entschied sich der erste von uns vier seinen Arbeitsplatz zu verlassen. Das hieß erneut ein Gebiet wieder neu aufzuteilen. Für mich kam nur ein kleiner Teil hinzu, aber nichtsdestotrotz war es zusätzliche Arbeit. Ich versuchte in der Zeit meine Handelspartner so gut wie möglich zu betreuen, aber ich war sehr viel unterwegs. Ich schaffte es dadurch teilweise eine ganze Woche nicht zu meinem Pferd. Das wäre früher nie denkbar gewesen. Mehr als zuvor war ich froh, sie gut versorgt zu wissen. Eine Selbstversorgung wäre jetzt absolut undenkbar geworden.

Einen kurzen Lichtblick gab es zur Weihnachtszeit. Unser Team flog nach Düsseldorf, wo wir das deutsche

Produktionswerk in der Nähe besuchten, ein Meeting mit unseren Kollegen in Deutschland abhielten und eine richtig nette Weihnachtsfeier in einem Vergnügungspark hatten. Es war eine kleine Entschädigung für die letzten Monate, aber es konnte den Lauf der Dinge nicht mehr stoppen. Unser Schiff hatte bereits zu sinken begonnen. Kurze Zeit nachdem wir wieder zu Hause angekommen waren, erzählten mir meine beiden verbleibenden Außendienstkollegen, dass sie Ende Dezember kündigen würden. Mit Ende Jänner würden somit beide die Firma verlassen.

Ich wusste, das war das Ende. Alleine konnte ich niemals ganz Österreich betreuen, das war einfach nur utopisch. Ich konnte niemals die Arbeit von ehemalig fünf Personen machen. Das würde nicht gut gehen. Alle Händler die eine intensive Betreuung gewohnt waren, würden jetzt mit gelegentlichen Besuchen und Telefonaten klarkommen müssen. Doch was war meine Alternative? Ich wollte nicht kündigen und hatte mir kein alternatives Jobangebot gesucht. Natürlich hatte ich Kontakte und hätte mir wahrscheinlich relativ schnell wieder einen neuen Job angeln können. Aber im Gegensatz zu anderen, wollte ich nicht einfach nur eine Arbeit. Meine Tätigkeit sollte Spaß machen und einen Sinn haben. Zugegeben, in den letzten

Monaten hatte beides erheblich abgenommen. Aber ich wurde doch gebraucht? Wer würde sonst unsere Kunden betreuen und ihnen ihre Fragen beantworten?

Meine Zeit im Auto stieg fast exponentiell an. Es gab Wochen in denen ich drei Mal mein Auto tankte (das entspricht zirka 2000 Kilometern). Wie sich all das auf mein Privatleben auswirkte, konnte man sich denken. Ende Jänner verabschiedeten sich dann nicht nur meine beiden Kollegen, sondern auch unser Produktmanager. Dieser hatte mich bei allen Projekten unterstützt. Bei ihm hatte ich gehofft, dass zumindest er bleiben würde. Nun stand ich also da. Alleine. Von einem ehemaligen siebenköpfigen Team war nur mehr ich übriggeblieben. Mit einem Chef, mit dem ich viel zu selten Kontakt hatte, um ihn wirklich so zu nennen. Nun hatte ich also mit zweiundzwanzig Jahren alle Kunden in Österreich zu managen.

Mein Gehalt war mittlerweile echt gut. Die Tatsache, dass ich als einzige übrig war, gab mir einen guten Handlungsstandpunkt. Es kannte eben keiner der noch übrig war unsere Kunden so gut wie ich. Innerlich war ich dennoch fix und fertig. Wenn mein Telefon läutete, zog sich bei mir jedes Mal alles zusammen. Ich wusste, dass es wieder irgendein Problem gab, das ich lösen musste, für das ich aber viel zu wenig Ressourcen hatte. Überall mangelte es an Möglichkeiten und neue Mitarbeiter waren auch nicht in Sicht. Vor allem nicht, wenn der Chef kein Deutsch sprach. Jeden Morgen, wenn ich aufstehen wollte, lagen gefühlt Tonnen an Gewicht auf meiner Brust. Es kostete mich immer mehr Überwindung, jeden Tag meiner Arbeit nachzugehen. In manchen extrem stressigen Situationen bekam ich sogar ein Piepsen im rechten Ohr, dass mein Hörvermögen extrem einschränkte. Es war zum Fürchten. Ich wusste, ich war kurz davor ernsthafte Probleme zu bekommen. Aber ich wollte es nicht wahrhaben. „Ich schaffe das schon!", redete ich mir immer wieder ein.

15

Trotz dieses Stresses gab es für mich einen Grund, optimistisch zu sein. Ich hatte meine Ausbildung zur manuellen Pferdetherapeutin begonnen und seitdem fuhren wir einmal im Monat nach Deutschland für ein Kurswochenende. Es war so spannend und ich fühlte mich am richtigen Fleck. Zugegeben die Kursleiterin war ein seltsamer Vogel, aber wer ist das denn nicht? Wir hatten eine tolle Teilnehmergruppe mit den unterschiedlichsten Menschen. Doch wir teilten eine große Leidenschaft – Pferde! Wir bekamen anschauliche Unterlagen und der Kurs war gut strukturiert aufgebaut. Ich fühlte, dass das für mich die richtige Richtung war. Ich wollte in meinem Beruf nicht nur Tieren nah sein, ich wollte mit ihnen arbeiten. Das „Verstehen" von Tieren war mir wichtig und durch diesen Kurs öffneten sich wieder ganz neue Türen.

Die „Aha-Momente" häuften sich zunehmend. Besonders spannend war, dass ich Dinge, die ich jahrelang bei der Arbeit meiner Familie beobachten konnte, plötzlich erklären konnte und die Bedeutung dahinter verstand. Ich probierte auch zu Hause mit Ruby Massagetechniken aus und hatte das Gefühl, mein Pferd auf eine ganz neue Weise kennenzulernen. Alle Eindrücke die ich im Kurs sammelte, versuchte ich zu Hause im Umgang mit meinem Pferd zu integrieren. Ich hatte bis zu diesem Zeitpunkt noch nie jemanden gesehen, der sein Pferd durchknetete, massierte und dehnte und nicht einfach nur streichelte. Doch jetzt gehörte es für mich dazu. Denn eins war sicher, dieses Wissen das ich dort bekam, stellte meine Ansicht über den Reitsport auf den Kopf und ich konnte einfach nicht wie bisher weitermachen. Was mich aber noch viel mehr aufwühlte war, dass dieses Wissen vorhanden war. Es war für jeden verfügbar! Doch irgendwie hatte ich zu diesem Zeitpunkt das Gefühl, es war noch nicht bis zum größten Teil der Reiter durchgedrungen. Ich sah viel zu wenige Menschen, die es anwendeten. Wenn überhaupt erst dann, wenn sich das Pferd verletzte und akuter Handlungsbedarf bestand. Es musste eine Möglichkeit geben, das zu ändern. Genau hier konnte ich dafür einen Grundstein legen.

Allerdings gab es einen großen Haken. Ich würde zwar lernen, wie ich Pferde behandelte, aber ich erfuhr auch, dass in Österreich nur Tierärzte diese Techniken anwenden durften. Das war ein großer Stein, der mir in den Weg gelegt wurde. Noch dazu, weil wir in Österreich viel zu wenige Tierärzte hatten, die ein Pferd muskulär

behandelten, diese wieder locker und arbeitsfähig machten, sowie die Knochen und Gelenke wieder an Ort und Stelle rückten. Vor allem aber fehlte es an Menschen, die die Pferdebesitzer schulten, auf therapeutische Erfolge aufbauten und das Pferd immer mehr ans Optimum heranführen. All das sollte nur Tierärzten vorbehalten sein? Kann sein, aber ich wusste auch, dass ich einen Weg finden würde.

In der Zwischenzeit hatte meine Freundin noch eine zweite Fortbildung entdeckt. Eine Ausbildung zum Tiertrainer, das mit einem Diplom abgeschlossen wurde und auch in Österreich gültig war. Sie erzählte mir sehr euphorisch davon und ich ließ mich etwas anstecken. Aber ich wollte vorerst bei der einen Ausbildung bleiben. Ich befürchtete, dass mir sonst alles ein bisschen zu viel werden konnte. Nun kam meine Freundin aber von ihrem ersten Tiertrainerkurswochenende nach Hause und war begeistert. Sie erzählte mir von den tollen Ausbildnern, dem extrem schönen Seminarraum und auch den unzähligen Tieren die am Seminarhof lebten, mit denen sie gleich auf Tuchfühlung gehen durften. Dass das in mir keinen Anklang fand, wäre gelogen. Die Erzählungen waren so voller Euphorie, da konnte ich gar nicht anders, als mit zu fiebern. Pläne waren ja schließlich da, um über den Haufen geworfen zu werden. Meine Freundin informierte sich für mich darüber, ob ich noch einsteigen konnte und es klappte tatsächlich.

Eine Bedingung gab es. Da ich das erste Kurswochenende verpasst hatte, durfte ich keine einzige Fehlstunde mehr haben, ansonsten wäre ich für die Diplomprüfung nicht mehr zugelassen. Ich überlegte hin und her. Ich hatte nicht vor, auch nur eine Minute zu fehlen, denn ich wollte lernen. Aber es gab Dinge, die man nicht beeinflussen konnte. Ich spielte die gröbsten Szenarien gedanklich durch und kam zu dem Schluss, dass ich schon Pech haben müsste, um an einem Kurswochenende nicht teilnehmen zu können. Von Fieber oder einem kaputten Auto würde ich mich nicht aufhalten lassen und das machte das Risiko für mich überschaubar. Notfalls musste ich meine Fehlstunden eben im nächsten Kurs nachholen und könnte dann erst ein paar Monate später zur Prüfung antreten. Die Entscheidung war gefallen. Somit hatte ich also Ruck-Zuck den nächsten Wochenendkurs. Wer braucht denn schon Freizeit? Meine Familie und Freunde würden doch wohl ein Jahr auf mich verzichten können, oder?

Der Kurs erwies sich als perfekte Ergänzung und wahrer Glücksgriff für meine Situation. Denn neben den fachgerechten Umgang mit Tieren und deren Training war ein großer Schwerpunkt dieser Ausbildung die persönliche Vermarktung als Selbstständiger und der Aufbau einer eigenen Firma. Die berufliche Selbstständigkeit war immer noch ein Traum von mir, doch sie schien so ungreifbar zu sein. Nun hatte ich aber das Gefühl, dass ich endlich die richtigen Schritte einleitete, endlich meinem Ziel näherkam und ich die Hände bald danach würde ausstrecken können. Ich machte zwei Ausbildungen, mit denen ich eine gute Grundlage schuf, um später selbst Menschen mit ihren Tieren weiterzuhelfen.

Nun war da aber mein Job, mit dem es gar nicht gut lief. Ich hatte für mich selbst beschlossen, zuerst meine Ausbildungen fertig zu machen. Danach würde ich meinen Job kündigen und mich selbstständig machen. Je mehr Zeit aber ins Land zog, desto klarer wurde es mir. Ich würde das auf gar keinen Fall mehr so lange durchhalten. Die Prüfungen waren im Oktober und bis dahin waren es noch über neun Monate. Doch was tun?

Bis ich mich schlussendlich doch entschloss etwas zu unternehmen, brauchte es noch mehrere Impulse. Ein wichtiger davon war ein Wochenende des Tiertrainerkurses Ende Februar. Wie bereits erwähnt, wurden uns auch wichtige Tools für das Selbstständigen-Dasein gezeigt und dazu gehörten auch alternative Einkommensmethoden. Bis dahin hatte jeder noch ein sehr klassisches Arbeitsbild als Tiertrainer im Kopf. Doch welche unbegrenzten Möglichkeiten wir tatsächlich hatten, wurde uns jetzt aufgezeigt. Uns wurden Optionen präsentiert, Magazine oder E-Books zu erstellen oder wie man durch das Empfehlen von Produkten Geld verdienen kann. Ein paar Dinge kannte ich von meinen eigenen YouTube-Videos bereits. Allerdings war meine Reichweite noch so gering (ich denke, ich hatte zu dem Zeitpunkt siebzig Abonnenten), dass mit YouTube Geld zu verdienen noch weit außerhalb meiner Liga lag. Aber ich hatte Feuer gefangen für all diese Ideen und mir wurde eines glasklar.

Wenn ich wollte, würde ich einen Weg finden genügend Geld zu verdienen. Ich musste nicht mehr für eine Firma und für einen Chef arbeiten, die mir alleine bei der Erwähnung beinahe körperliche Schmerzen bereiteten. Das musste nicht sein! Ich musste mir auch eingestehen, dass ich das gewusst hatte. Denn ich hätte jederzeit den Job wechseln können. Ich war nur zu feige gewesen, etwas zu ändern. Meine derzeitige Situation war zwar wirklich alles andere als angenehm, aber es war auch sicher und vertraut. Ich sollte also alles aufgeben? Ihr seht schon, ab jetzt lernte ich ganz andere Dinge.

Durch das Beschäftigen mit dem Neuen lernte ich meine alten Verhaltensmuster und Gewohnheiten zu durchbrechen. Ich musste mich selbst besser kennenlernen und meinen Kopf für neue Wege freimachen. Neue Energie durchflutete mich, denn plötzlich hatte meine persönliche Folter, wie ich meinen Job inzwischen nannte, ein Ablaufdatum. Uns wurde aber im Kurs geraten, nicht sofort unseren Job hinzuwerfen (was ich aber am liebsten getan hätte), sondern uns erst eine zweite Verdienstquelle neben unserem derzeitigen Einkommen aufzubauen. Der Kursleiter wollte uns nicht in spontane Arbeitslosigkeit schicken. Noch am selben Abend schmiedete ich meine ersten Pläne. Ich versuchte, eine Internetseite aufzubauen, die auf Empfehlungsmarketing basierte. Dabei bekam man eine kleine Provision von jedem Produkt, dass durch die eigene Vermittlung verkauft wurde. Ich hatte mich hier auf Heufütterung spezialisiert und kommentierte die verschiedensten Heunetze und Raufen. Ich steckte mehrere Stunden Arbeit in dieses Projekt und bastelte liebevoll am Design herum und versuchte alle Inhalte fundiert zur recherchieren. Die Seite wurde zügig fertig, ging aber nie online. Es war wie verhext. Ich wollte zwar eine Veränderung, aber ich kam nicht so richtig in die Gänge. Mein Unterbewusstsein hatte andere Pläne für mich und ließ nicht zu, dass ich mich aus meiner Komfortzone bewegte. Das endete in widersprüchlichen Handlungen und führte mich keinen Schritt weiter.

Den abschließenden Impuls, um auch mein Unterbewusstsein auf die richtige Spur zu schubsen, gab mir schließlich ein Hörbuch. Dieses hörte ich auf einer mehrstündigen Fahrt nach Tirol. Das Buch handelte davon, wie man einen Job fand, der einen glücklich machte. Es wurde mir zufällig von meiner Hörbuchapp vorgeschlagen und ich fühlte mich logischerweise sofort angesprochen. Diese Autofahrt veränderte schließlich alles. Die Autorin sprach davon, wie anstrengend und kraftraubend der falsche Job sein könnte. Sie beschrieb im Prinzip alle Symptome, die ich bereits an mir selbst festgestellt hatte. Angefangen von vermehrter Müdigkeit bis hin zu einem Verkrampfen im Brustbereich. Es war alles da. Ein wahrer Augenöffner war aber schließlich eine Aufgabe, die sie an den Hörer richtete. Ich sollte mir meinen idealen Arbeitstag vorstellen. Der Start war das Aufstehen und das Ende das zu Bettgehen und dazwischen sollte man sich jedes kleinste Detail ausmalen. Wie zum Beispiel wann man aufstehen wollte, wo man arbeitete, mit wem man zu Mittag aß, wann man nach Hause kam und was man am Abend machte. Alles war erlaubt, man durfte träumen und sich alles in Perfektion ausmalen. In dieser Vorstellung arbeitete ich mit Tieren, verbrachte Zeit mit meiner Familie und meinem Freund, hatte eigene tolle Projekte und konnte jeden Tag selbst entscheiden, was ich wann und wie tat. Ich war schockiert! Mein derzeitiger Arbeitstag hatte nichts mit meinem Wunschleben gemein. Ich sagte zu mir selbst: „Jetzt reicht's! Kein Herumlabern mehr! Es ist Zeit für Veränderung!“

16

Ich erzählte meinem Freund Alexander davon, der selbstverständlich gespürt hatte, dass es mir in den letzten Wochen nicht gut ging und ich unter der Last meiner Arbeit allmählich zu keuchen begann. Seine tatkräftige Unterstützung und bedingungslose Liebe war oft das einzig Gute an einem Tag und ohne ihn wäre ich wahrscheinlich längst zusammengeklappt. Er fand die Idee eines Jobwechsels gut, bat mich aber darum, mich zuerst nach einer anderen Arbeit umzusehen, bevor ich kündigte. Bei meinen anderen Ideen, die ich vom Tiertrainerkurs hatte, war er etwas skeptisch. Das konnte ich aber gut nachvollziehen. Immerhin hörte er von mir zum ersten Mal von solch alternativen Verdienstmöglichkeiten. Aber lieb wie er immer war, redete er mir nichts aus, sondern ließ mich machen. Was hatte ich schon zu verlieren? Ich hatte kaum Verpflichtungen und noch etwas Geld auf der hohen Kante. Eine Weile würde ich mich sicher gut über Wasser halten können.

Als erstes begab ich mich auf Jobsuche. Das war jetzt das wichtigste von all meinen Vorhaben. Nach wie vor wollte ich mich, nach Beendigung meiner Ausbildungen im

Oktober, selbstständig machen. Ein ganz normales Angestelltenverhältnis kam damit nicht in Frage. Es musste ein Job sein, bei dem ich die Chance auf ein selbstständiges Arbeitsverhältnis hatte und zeitlich sehr flexibel war. Mein Leben lang hatte ich immer gehört: „Wenn du dich gut verkaufen kannst, wirst du immer einen Job bekommen." Verkaufen konnte ich, immerhin hatte ich jetzt schon mehr als drei Jahre Vertriebserfahrung. Der Vertrieb machte mir Spaß. Ich war so gut wie nie in einem Büro, sondern immer unterwegs und im Auto konnte ich meine Zeit so gestalten wie ich es wollte. Wenn ich laut Musik hören wollte, tat ich das und wenn ich Lust hatte stundenlang beim Autofahren (natürlich über die Freisprecheinrichtung) mit jemanden zu telefonieren, konnte ich das genauso tun. Ich hatte ständig mit Menschen zu tun und das war ein großer Pluspunkt, da ich gerne neue Persönlichkeiten kennenlernte.

Ich war fasziniert davon, welche Personen ich immer wieder bei Kundengesprächen vor mir hatte. Egal wer es war, ich fand mit jedem ein Gesprächsthema. Ihr würdet nicht glauben, über welche Themen ich schon mit Kunden gesprochen habe. Der beste Eisbrecher ist, dem Menschen zuerst von sich selbst erzählen zu lassen und das Gespräch nicht sofort immer auf das Produkt zu lenken, das man verkaufen möchte. Eingesperrt in einem Büro würden mir diese Fähigkeiten nicht viel nutzen und ich hätte mich nur in meiner Freiheit beraubt gefühlt. Also war eines klar. Es ging für mich wieder auf die Straße, in das spannende Leben eines Vertrieb'lers.

Doch welche Branche würde ich wählen? Bis jetzt hatte ich immer Produkte, die in der Landwirtschaft gebraucht wurden, verkauft. So sehr ich die Arbeit mit Landwirten und Landwirtinnen auch liebte, ich wollte jetzt etwas Anderes probieren. Vor allem da ich wusste und ganz klar vor Augen hatte, dass ich mich selbstständig machen wollte. Ich sah zwei Chancen. Entweder ich startete in der Pferdebranche und baute mir gleich einen Namen auf oder ich ging in ein ganz anderes Themengebiet, das mich zwar interessierte, aber ich nie für einen längerfristigen Job in Betracht ziehen würde. Beides schien mir reizvoll. Ich begann die Jobbörsen zu durchforsten. Ich kämmte die Websites der Firmen ab, die mich ansprachen und hörte mich bewusst in meinem Umfeld um. Auch wenn ich jetzt nicht vorhatte, diesen Job für eine längere Zeit zu machen, sollte es doch etwas sein, das zu mir passte und bei dem ich ein gutes Gefühl hatte. Ich fing an, Bewerbungen zu schreiben. Ich bewarb mich nicht nur auf offenen Stellen, sondern schrieb auch Blindbewerbungen.

Schließlich wurde ich von einer namhaften oberösterreichischen Zeitung zu einem Vorstellungsgespräch eingeladen. Sie suchten jemanden in meinem Bezirk, der mit den Firmen Werbedeals aushandelte. Die Medienbranche hatte mich schon immer interessiert. Meine Oma wollte mir jahrelang immer einreden, doch Moderatorin oder Journalistin zu werden. Was mich zusätzlich noch extrem ansprach, war die Tatsache, dass ich nur meinen eigenen Bezirk zu betreuen hatte. Nach dem Gebiet „ganz Österreich", schien mir das äußerst reizvoll. Ich würde in bekannten Ortschaften unterwegs sein und hätte vielleicht sogar die Möglichkeit, bei einem Familienmitglied zu Mittag zu essen. Nachdem ich nun jahrelang die Wursttheken verschiedener Supermärkte unsicher gemacht hatte, verging mir langsam aber sicher die Lust auf belegte Brote. Das Gespräch, das ich hatte, wurde von einer Firma durchgeführt, die eine erste Vorauswahl traf. Dieses dürfte ich ganz passabel hingekriegt haben, den man ließ mich „eine Runde weiter".

Ich wollte auf jeden Fall aber mindestens einen zweiten Job zur Auswahl haben. Da ich jetzt schon eine meiner selbst festgelegten Kategorien abgehakt hatte, (Job in einer anderen Branche) suchte ich jetzt noch einen Job in der Pferdebranche. Ich versuchte es ganz primitiv und gab „Jobs – Pferde – Oberösterreich" in die große Suchmaschine mit den bunten Buchstaben ein. Ich rechnete nicht wirklich damit, unter diesen groben Suchbegriffen irgendetwas passendes zu finden. Doch nach einigem Stöbern fand ich eine winzig kleine Anzeige. Gesucht wurde ein Vertriebspartner für englische Reitsättel. Die Firma selbst lag 30 Minuten von meinem Wohnort entfernt. „Da war sie nun", dachte ich mir „deine Chance, in die Pferdebranche einzusteigen." Ich überlegte hin und her. Ich bin doch Westernreiterin, was habe ich mit einem englischen Sattel zu tun. Doch ganz schnell besann ich mich. Mein Ziel war der Einstieg in die Pferdebranche. Der Sattel war bei den meisten Pferdebesitzern immer ein Leidensthema und er spielte auch bei meiner therapeutischen Ausbildung in Deutschland eine Rolle. Ich machte Nägel mit Köpfen und schickte meine Bewerbung ab. Bereits am nächsten Tag erhielt ich eine Rückmeldung und wir vereinbarten einen Termin zum Bewerbungsgespräch. Während des Telefonats erfuhr ich, dass es nicht nur eine Stelle zu besetzen gab. Es wurde mindestens eine weitere Person gesucht. Kaum hatte ich aufgelegt, rief ich meine Freundin Lisa an. Auch sie war durch unsere Ausbildungen mit ihrer aktuellen Jobsituation unzufrieden und suchte etwas Neues. Da kam das wie gelegen. Ich denke, sie schickte noch am selben Tag ihre Bewerbung raus.

Innerhalb von kurzer Zeit hatte ich zwei Jobgespräche und ich wusste, dass ich mich für einen der beiden Jobs entscheiden würde. Mein Gespräch mit der Zeitung lief echt gut. Es waren zwei extrem sympathische Vorgesetze und wir plauderten locker und fröhlich. Sie teilten mir mit, dass sie jemanden suchten, der in diesem Bezirk das „Gesicht“ der Zeitung bei den Firmen sein sollte. Jemand der auf den Veranstaltungen vor Ort war und Kontakt mit den Menschen aufbaute. Anders gesagt, jemanden der voll und ganz für die Zeitung da war. Damit hatte ich bereits nach dem ersten Gespräch gerechnet. Ich fragte dennoch auch nach, ob es möglich war auf selbstständiger Basis für sie zu arbeiten. Dieses mussten sie allerdings verneinen. Das hieß: „Entweder 100 Prozent für die Zeitung oder nichts“. Das setzte dem ganzen natürlich eine Befristung, denn damals war ich der Meinung, ich kann meine Firma

innerhalb von kürzester Zeit so aufbauen, dass ich komplett ausgelastet bin und leicht davon leben kann. Die Idee, dass es eine Weile dauern könnte bis alles läuft, kam mir erst gar nicht. Ich informierte die beiden darüber, dass ich noch ein weiteres Gespräch hatte und ich dieses noch gerne abwarten würde, bevor ich meine Entscheidung traf. Für das hatten sie Verständnis, ich sollte mir aber nicht zu viel Zeit lassen, da es noch andere Bewerber gab. Das wiederum konnte ich nur zu gut nachvollziehen.

Glücklicherweise war mein zweites Bewerbungsgespräch nur wenige Tage später. Dieses war für mich ein großer Kontrast. Das kann man sich denken, wenn man auf der einen Seite ein großes Unternehmen hat mit mehreren hunderten Mitarbeitern und auf der anderen Seite eine kleine Firma bestehend aus dem Chef und zwei Angestellten. Doch gerade das kleinere und familiärere gefiel mir gut. Momentan arbeitete ich doch gerade für einen großen Konzern, in dem ich das Gefühl hatte, nur eine x-beliebige Person zu sein. Da würde mir das Gegenteil doch sicher guttun? Mir gefiel der Gedanke. Ich konnte mir die Englischen Sättel genau anschauen und war mehr als angetan. Jeder Sattel konnte individuell und genau auf die Bedürfnisse des Pferdes und dessen Reiter eingestellt und gestaltet werden. Das war mein Ding. Ich liebte es, Sachen außergewöhnlich und individuell zu machen und das konnte ich hier total ausleben. Die Vorschläge für die Rahmenbedingungen waren für mich auch okay. Der größte Pluspunkt war für mich aber, dass ich mich jederzeit selbstständig machen konnte und ich hatte auch das Gefühl, dass es erwünscht war. Trotzdem einigten wir uns darauf, dass am Anfang ein Angestelltenverhältnis Sinn machen würde. Als ich von meinen Ausbildungen erzählte, stieß auch das auf positive Resonanz. Das erlernte Wissen, würde ich toll anwenden können. Schnell war klar, dass ich der Zeitung absagen würde. Auch wenn es sicherlich interessant geworden wäre, aber die Vorteile überwogen für mich bei dem Satteljob. Ich bekam an diesem Tag noch keine Zusage. Da sie ja noch ein zweites Bewerbungsgespräch hatten (meine Freundin natürlich), aber ich wusste, ich hatte einen Job. Wenn es der eine nicht wurde, nahm ich den anderen, aber ich hatte wirklich bei beiden Gesprächen ein tolles Gefühl. Auch Lisa hatte ein gutes Baugefühl.

Am Abend sprach ich mit meinem Freund und wir waren uns einig, dass ich jetzt kündigen konnte. Der Laptop wurde aufgeklappt und ich begann die Zeilen meines

Kündigungsschreibens zu tippen. Normalerweise hätte ich so etwas gerne persönlich gemacht, aber mein Chef war ja nie da und schwer erreichbar. Zwischen dem Kurswochenende und diesen Tag vergingen zirka zwei Wochen. Auch wenn es sich hier liest, als wären es viel mehr, war es aber tatsächlich eine sehr kurze Zeit. Das Gefühl, als ich auf den Sendenknopf im E-Mail-Programm drückte und damit meine Kündigung endgültig machte, war einfach nur grandios. Direkt spürte ich, wie eine große Last von meinen Schultern fiel. Es war endlich vorbei.

17

Mein Chef war alles andere als erfreut, als er meine E-Mail bekam. Immerhin hatte er damit in einem halben Jahr sein komplettes Team in Österreich verloren. Das war, finde ich, eine erstaunliche Leistung als neuer Chef. Meine Entscheidung war aber gefällt und da gab es auch nichts zu rütteln. Mit meiner Kündigungsfrist musste ich aber noch bis Ende April arbeiten. Das löste in mir keine Glücksgefühle aus. Einen Joker hatte ich noch im Ärmel und das war mein Resturlaub. Denn wenn man viel Arbeit hat, hat man keine Zeit, um diesen einzulösen. Mit diesen gesammelten freien Tagen gelang es mir, meinen letzten Arbeitstag auf den 31. März zu legen. Somit hatte ich einen vollen Monat Pause (mit voller Bezahlung), bis ich wieder in eine neue Arbeitsstelle startete. „Diese Zeit werde ich auch nach dieser Tortur brauchen!“, dachte ich immer wieder. Zu meiner großen Freude bekam ich die Zusage der Sattelfirma und nicht nur das. Sie hatten sich dazu entschieden, nicht nur mich, sondern auch Lisa einzustellen. Mein Bereich würden die Unterstützung im Sattelverkauf sein und sie würde für eine Tochterfirma tätig sein. Diese stellte ein spezielles Longiersystem her, das dem Pferd half, seinen Körper und somit auch den

Reiter aktiver zu tragen, um die Gesundheit des Pferdes auch langfristig zu erhalten. Also auch wieder eine tolle Ergänzung zu unseren Ausbildungen. Wir würden nicht eng zusammenarbeiten, uns dennoch regelmäßig bei der Arbeit sehen.

Alles lief wie am Schnürchen. Es schien nun so, dass sich alle Teile langsam zusammenfügten. Welche Chancen plötzlich in mein Leben traten, als ich nur offen dafür war. Dafür musste ich aber bereit sein, altes loszulassen. Ein paar Tage später bekam ich einen weiteren total überraschenden Anruf und dieser war nun das Sahnehäubchen mit der Kirsche auf meinen Lebenseisbecher. Am anderen Ende der Leitung war eine Freundin, die mit ihren Pferden im Trabrennsport sehr aktiv war. Sie wohnte mitsamt eigenem Stall nicht weit entfernt von mir und wir waren schon einige Male zusammen ausgeritten. Sie saß dabei auf einem ihrer Rennpferde und ich anfangs auf Ruby. Später hat es sich so entwickelt, dass ich ein Pferd von ihr ab und zu reiten durfte. Einen schwarzen großen Wallach mit einer niedlichen weißen Flocke auf der Stirn - Dreamy. Eigentlich Dreamcatcher Venus, aber der Name wurde immer abgekürzt. Ich war jedes Mal aufs Neue schockverliebt in dieses Pferd. Er war zu schön. Das Ausreiten mit ihm machte Spaß, auch wenn er natürlich komplett anders zu reiten war als Ruby. Er war viel größer (ein Riese in meinen Augen) und hatte als hauptberufliches Trabrennpferd auch ganz andere Gänge als ein normales Reitpferd. Wenn er locker trabte, konnte jedes Pferd nebenher galoppieren. Er war auch sehr vorsichtig bei allem neuem. Jedoch hatte ich das Gefühl, je besser er mich kannte, desto mehr schien er mir, auch wenn es gruselig wurde, zu vertrauen.

Fast ein Jahr bin ich dieses Pferd immer wieder geritten. Dabei habe ich mit seiner Besitzerin auch über die „Rente" dieses Pferdes gesprochen. Er war zu dem Zeitpunkt zehn Jahre alt und würde wahrscheinlich nur mehr wenige Jahre im Rennsport aktiv sein. Zu dem Zeitpunkt war ich natürlich bereits hemmungslos verknallt. So haben die Besitzerin und ich vereinbart, wenn er irgendwann in zwei, drei Jahren aus dem Sport ausschied, würde ich ihn übernehmen. An eben diesen Morgen bekam ich aber nun diesen Anruf. Ich ging ran und sie sagte mir, dass sie sich entschieden hätten, Dreamy aus dem Sport zu nehmen. Wenn ich also wollte, könnte ich ihn sofort haben. Ich war geflasht. Für mich kam das aus heiterem Himmel. Ich hatte frühestens erst ein Jahr später damit gerechnet, aber ich sagte zu. Uns war aber beiden klar, dass ich jetzt erst alles in die Wege leiten musste, damit Dreamy auch einen geeigneten Einstellplatz hatte. In Rubys Stall war zu der Zeit kein Platz frei und somit musste ich mir einen anderen Platz für ihn suchen. Nach dem Gespräch rief ich sofort meinen Freund an. Der wusste von der Vereinbarung, die ich bezüglich dieses Pferdes getroffen hatte und war zwar genauso überrascht wie ich, aber er freute sich natürlich auch. An dem Abend fuhren wir gemeinsam in den Stall meiner Freundin, wo ich sie und ihren Mann einfach nur umarmte, weil sie mir dieses tolle Pferd anvertrauten. Danach ging ich nun zu MEINEM Dreamy und als hätte er es gespürt, dass jetzt etwas anders war zwischen uns zwei, wieherte er mir das erste Mal zu als er mich sah. Ich war von dieser Geste so gerührt und kuschelte mich gleich ganz nah an ihn.

An diesem Tag sagte ich meinem Freund, dass das Jahr 2017 sicher ein absolut geniales werden würde. Ich war so erfühlt von Vorfreude, Dankbarkeit und Glück. Die Entscheidung mein Leben zu verändern, war erst vor kurzer Zeit gefallen und doch sah mein Leben nur wenige Wochen später nun schon so viel bunter und erfüllter aus.

Es war kaum zu begreifen. In meinem Kopf feierten die Gefühle eine wilde Party, zu der sich aber auch Unsicherheit und Zukunftsangst gesellten. Würde ich all das schaffen? Mein komplettes Leben änderte sich gerade. Was wäre, wenn es sich schneller änderte, als ich mit meiner Entwicklung hinterherkam? Ich hörte diesen Gefühlen nur mit halben Ohr zu. Mein inneres kritisches Männchen sollte die Klappe halten und mich nicht hinunterziehen. Egal was auf mich zukommen würde, ich war bereit dafür!

Meine letzte Arbeitswoche brach an und ich versuchte noch so gut wie möglich alles zu erledigen und meinen Händlern abschließend nochmal mit allem Nötigen zu versorgen. Es war mir wichtig, dass sie sich nicht im Stich gelassen fühlten und auch ihre zukünftigen Ansprechpartner kannten. An meinen beiden letzten Arbeitstagen hatte ich noch eine Kollegin aus Ungarn dabei, die in Zukunft einen Teil meiner Arbeit mitübernehmen sollte. Ich schilderte ihr die keineswegs rosige Lage in Österreich. So wie jetzt konnte man definitiv nicht weitermachen. Sie schien meine Anliegen ernst zu nehmen, machte sich Notizen und wir sprachen auch mit meinem Großhändler, damit auch dieser noch seine Sicht der Dinge erklären konnte. Am frühen Nachmittag des zweiten Tages verabschiedeten wir uns und ich bedankte mich für ihre Zeit. Ich hatte das Gefühl, alles in meiner Macht stehende getan zu haben. Jetzt konnte ich weiterziehen. Schweren Herzens hatte ich von meinen Partnern Abschied genommen, die in den letzten beiden Jahren mehr zu Freunden, als zu Geschäftspartnern wurden. Nun hieß es nach vorne schauen.

Zur Feier des Tages starteten mein Freund und ich nach der Arbeit noch einen Ausritt ins Gelände. Dabei saß ich auf Ruby und er auf seinem E-Bike. Fürs Reiten selbst konnte er sich immer noch nicht erwärmen, aber mit seinem Drahtesel konnte er auch gut mithalten. Das Wetter war bombastisch. Es war einer der ersten warmen Frühlingstage und wir hatten über 20 Grad. Die Runde verlief harmonisch und entspannt. Ruby liebt es einfach, wenn wir mit dem E-Bike begleitet werden. Sie passt sich perfekt dem Tempo des Rades an und ist dabei super easy zu händeln. Wir waren zirka eine Stunde unterwegs und hatten schon fast das Ende erreicht. Nur noch 50 Meter trennten uns von unserem Stall. Das letzte Stück legten wir auf einer schmalen Straße zurück. Mein Freund war uns ein Stück voraus und deshalb wollte ich mit Ruby im Trab aufholen. Das letzte woran ich mich erinnern kann, ist, dass es mich aus dem Sattel hob und ich falle – mit dem Kopf voran und ohne Helm.

18

Das was nun folgt, weiß ich mehr aus Erzählungen, als dass ich mich wirklich daran erinnern kann. Wenn ich versuche den Ablauf der Ereignisse in meinem Kopf wieder zusammenzubauen, ist alles mehr schemen- und bruchstückhaft, als wirklich klar. Ruby dürfte auf dem Rollsplit, der vom Winter noch überall auf den Straßen lag, ausgerutscht sein. Ich konnte mich nicht mehr im Sattel halten. Mein Freund hatte mich wohl schreien gehört und sah nur mehr, wie ich mehrere Meter nach vorne flog und mit dem Kopf voran am Asphalt aufschlug. Ruby hatte sich dabei erschrocken und war zum Stall gelaufen, der Gott sei Dank nur mehr ein paar Meter entfernt war. Mein Freund lief gleich zu mir und half mir auf. Anscheinend hatte ich noch versucht alleine aufzustehen. Die letzten Schritte habe ich noch zu Fuß geschafft.

Meine Tante, die alles mitbekommen hatte, hat sich dann unverzüglich meine Platzwunde am Hinterkopf angesehen und sie erstversorgt. Diese Erinnerung ist in meinem Gedächtnis zum Beispiel komplett verloren gegangen. Mein Freund hat sich in der Zwischenzeit um Ruby gekümmert und sie in den Stall zurückgebracht. Sie hatte sich zum Glück nicht verletzt und konnte somit wieder in die Herde entlassen werden. Alexander hat mich dann sofort ins Auto gesetzt und ist mit mir ins nächste Krankenhaus gefahren. Zu der Zeit dürfte ich wohl begonnen haben, wirres Zeug zu faseln. Im Prinzip stellte ich immer wieder zwei Fragen. „Ist Ruby etwas passiert?" und „Warum hatte ich keinen Helm auf?". Denn man mag es zwar nicht glauben, aber ich hatte mir im Herbst davor einen neuen Reithelm gekauft und setzte diesen auch so gut wie immer auf. Doch warum an diesen Tag nicht? Ich kann es mir bis heute nicht erklären.

Im Krankenhaus angekommen brachte mich mein Freund, inzwischen wieder am Hinterkopf blutüberströmt, in die Notaufnahme. Dort wurden wir als erstes nach meinem Namen und meiner Sozialversicherungsnummer gefragt. Mein Freund hatte mein Portemonnaie im Auto vergessen und wusste die Nummer nicht auswendig. Es ist auch verständlich, dass das in dem Moment seine letzte Sorge war. Obwohl ich zu dem Zeitpunkt kaum mehr irgendwas Sinnvolles hervorbrachte, konnte ich diese Nummer sofort fehlerfrei aufsagen. Diese musste irgendwo in einem nicht beschädigten Bereich meines Gehirns gespeichert gewesen sein. Kaum zu glauben, aber man schickte uns dann erstmal auf die Wartebank. Was mir wie wenige Minuten vorkamen waren in Wirklichkeit fast zwei Stunden. Zu sagen, dass mein Freund sauer gewesen wäre, wäre wahrscheinlich eine enorme Untertreibung gewesen. Als die Ärzte dann endlich Zeit für mich hatten, wurde erstmal alles gereinigt und genäht. In der gesamten Situation hatte ich aber meinen Sinn für Humor nicht verloren. Der behandelnde Arzt teilte mir mit, dass er mir, um die Wunde zu nähen, die Haare an der Stelle abrasieren musste. Das erste das ich erwiderte war: „Kein Problem, dann klappts vielleicht auch endlich mal mit der Kurzhaarfrisur." Kleiner Spoiler an der Stelle, ich trage die Haare nach wie vor lang. Danach brachte man mich auf ein Zimmer. Vollgepumpt mit Schmerzmitteln und Infusionen schlief ich innerhalb von wenigen Minuten ein. Ich war furchtbar erschöpft und die Medikamente taten das übrige.

Zwei Stunden später wurde ich geweckt. Alex war, nachdem er sichergestellt hatte, dass mit mir alles okay war, nach Hause gefahren. Schnell hatte er das nötigste in eine Tasche gepackt und war wieder zu mir gekommen. Er wirkte nun schon wieder deutlich entspannter. Auch ich fühlte mich deutlich besser, auch wenn mir bei jeder Bewegung mächtig der Kopf brummte. Es gefiel mir nicht im Krankenhaus zu bleiben, denn bis zum diesem Tag hatte ich diese Einrichtung noch nie für eine Übernachtung in Anspruch genommen. Es führte aber kein Weg daran vorbei. Damit musste ich mich wohl oder übel abfinden. Ich bekam noch einen Gute-Nacht-Kuss bevor mein Freund wieder nach Hause fuhr und mir versprach, mich am nächsten Tag wieder zu besuchen.

Mit der Verdunkelung am Nachthimmel begann eine der längsten Nächte meines Lebens. Ich musste den Kopfteil des Bettes mindestens 30 Grad aufgerichtet haben und alle zwei Stunden wurde ich geweckt und es wurde zur Kontrolle in meine Augen geleuchtet. Zusätzlich war da noch die Infusionsnadel in meinem Arm, die unangenehm pikste. Kurz gesagt, es war schrecklich. Als der Morgen nach dieser endlosen Nacht anbrach, war ich wie gerädert. Im Krankenhaus startet der Tag nämlich auch schon um sieben Uhr morgens! Ich durfte den ganzen Tag nur herumliegen und dafür weckte man mich um sieben (!!!) Uhr? Ich hatte keinen Appetit und versuchte nur immer irgendwie die Augen zuzumachen, auch wenn ich es immer nur wenige Minuten am Stück schaffte. Denn in einem Mehrbettzimmer gibt es ab dem Aufwecken keine Ruhe mehr.

Hier ein kurzer Auszug:

Tür auf - Krankenschwester rein – Tablette austeilen – Tür zu

Tür auf - Blutdruck messen – Tür zu

Tür auf - Frühstück wird serviert – Tür zu – versuchen zu essen

Tür auf - Tabletts werden wieder abgeholt – Tür zu

Tür auf - Patientin wird für die Untersuchung abgeholt – Tür zu

Tür auf - Besuch für eine weitere Patientin – Tür zu

Tür auf – Erste Patientin kommt zurück – Tür zu

Und jetzt sind zirka die ersten zwei Stunden des Tages rum. Folgen nur noch zwölf weitere bis wieder Ruhe einkehrte. Ich konnte auch nicht lesen oder fernsehen, da es mir erstens, verboten wurde und ich zweitens, extreme Kopfschmerzen davon bekam. Später wurde auch ich zu einer Untersuchung abgeholt. Mein Kopf sollte geröntgt werden. Man wollte feststellen, was mein Kopf tatsächlich abbekommen hatte. Bei der kurzen Fahrt im Krankenbett durch das Krankenhaus bekam ich von dem Pfleger auch sofort ungefragt eine tolle Story erzählt. Eine frühere Patientin war nach einem Sturz vom Pferd querschnittsgelähmt. Es ist immer wieder schön solch hoffnungsvolle Anekdoten zu hören, wenn man mit einem fetten Kopfverband im Bett liegt. Danach wurde mein Kopf genauer unter die Lupe genommen. Der Befund lautete wie folgt: Fraktur des Hinterhauptbeines. Das bedeutete, mein Kopf hatte einen Sprung und dieser zog sich beinahe über den gesamten Hinterkopf. Jetzt wurde auch deutlich, was für ein großes Glück ich hatte. Ich ließ mir das Röntgenbild genau zeigen, weil ich es selbst kaum glauben konnte. In manchen Momenten fühlt man seinen Schutzengel ganz nahe bei sich und ich konnte fast spüren, wie er eine Hand auf meine Schulter legte und „Gern geschehen" in mein Ohr flüsterte.

Bei der Visite wurde dann klar, ich musste noch länger bleiben. Das hielt ich für eine mittlere Katastrophe. Auch wenn ich viel Besuch und Zuspruch bekam, hasste ich den Aufenthalt hier. Die kritische Phase war zwar vorbei, doch man wollte mich noch weiter zur Kontrolle hier behalten, um mögliche spätere Blutungen im Gehirn im Notfall sofort behandeln zu können. Ich wusste, dass es das Beste war, dazubleiben, aber ich wollte meine Ruhe haben und die hatte ich im Krankenhaus definitiv nicht. Trotzdem war ich über jeden Besuch, den ich erhielt, dankbar. Auch wenn ich erwachsen war, ein Krankenhaus ist einfach keine wohlige gemütliche Umgebung. Doch durch meine Familie wurde es für mich erträglicher. Am meisten vermisste ich aber, dass keine Katze bei mir im Bett lag. Wenn ich zu

Alexander's family was in
Sunny Beach
and all that
They bought me was
this lousy t-shirt

Hause krank war, war das eines der wenigen Dinge, die mich im Bett hielten. Netterweise brachte mir meine Stiefmutter meine Stofftierkatze von früher mit. Das war eine so süße Geste. Ich weiß, das klingt alles ziemlich jämmerlich, aber ich habe definitiv nicht vor, sobald wieder ein Krankenhaus von innen zu sehen. Schlussendlich durfte ich am vierten Tag, nachdem die Ärzte mein Gejammer nicht mehr ertragen konnten, nach Hause. Ich hatte lange Tage, aber noch viel längere Nächte mit laut schnarchenden Zimmerkolleginnen, hinter mir. Meine Vorfreude auf ein ruhiges zu Hause war unermesslich. Inzwischen hatten die Kopfschmerzen auch nachgelassen. Allerdings merkte ich es sofort, wenn ich mich zu sehr anstrengte. Dann hatte ich das Gefühl, als würde mein Gehirn mehr Platz brauchen als vorhanden war und es pulsierte leicht in meinem Kopf. Ich ruhte mich so gut wie möglich aus.

Erst jetzt konnte ich begreifen, welches Ausmaß dieser Unfall annehmen würde. Mein gesamter freier Monat war nun davon überschattet. Ich sollte eine Weile lang nicht reiten, was nur zu verständlich war. Nichts desto trotz wollte ich meine Pferde sehen und überredete Alexander am dritten Tag dazu, mich in beide Ställe zu fahren. Ich wollte mich nur vergewissern, dass bei ihnen alles in Ordnung war. Bei beiden Pferden war alles wie immer und sie begrüßten mich schon am Zaun. Es war ein Gefühl, als würde ich nach Hause kommen. Nur alleine die Hand auf das warme Fell zu legen und darunter das vertraute Wesen zu spüren, fühlte sich so gut an. Ich schwor mir, dass ich mich von diesem Unfall auf gar keinem Fall von meiner Leidenschaft abbringen lassen würde. Ich würde wieder am Pferd sitzen. Sicherer und selbstbewusster als je zuvor.

19

Die Zeit heilt alle Wunden und so spürte auch ich, dass es mir von Tag zu Tag besser ging. Es hatte keine Zwischenfälle mehr gegeben und die Wunde verheilte gut. Auch bei meiner Nachkontrolle im Krankenhaus war alles unauffällig. Ich begann langsam wieder, meinen Alltag zu leben, auch wenn ich es bewusst ganz ruhig angehen ließ. Nach etwa zwei Wochen, nachdem ich aus dem Krankenhaus entlassen wurde, fing ich vorsichtig an, wieder leichte Bodenarbeit mit den Pferden zu machen. Mit Dreamy waren das sogar die ersten Bodenarbeitseinheiten, die wir zusammen machten. Es begann die Umschulung zum Reitpferd, bei der wir bei den Basics anfingen. Er war zwar schon eingeritten, wir gingen ja auch bereits ausreiten, aber ich wollte unsere Verbindung vom Boden aus noch verstärken. Denn viele Dinge kann man dem Pferd besser erklären, wenn man dabei nicht reitet. Er war dabei stets ein sehr eifriger Schüler. Wobei manche Pferde mehrere Wiederholungen brauchten, musste ich aufpassen, dass er nicht begann, alles vorweg zu nehmen. So sehr sich Ruby und Dreamy unterschieden, diese Eigenschaft hatten sie gemeinsam. Sie ließen sich auch schnell wieder beruhigen, wenn sie erschraken oder unsicher waren. Das war für mich eine wichtige Eigenschaft bei Pferden.

In der Zwischenzeit hatte ich auch einen Stall für ihn gefunden. Ein Nachbar meiner Tante und meines Onkels hatte einen kleinen Pensionsstall. In diesem waren ausschließlich alte Pferde oder Pferde, mit denen nur ausgeritten wurde, untergebracht. Hier war in einer kleinen Wallachgruppe in einem Offenstall noch ein Plätzchen frei. Das Tollste war aber, dass die beiden Ställe vielleicht zehn Gehminuten von einander entfernt lagen und ich somit beide Pferde super erreichen konnte. Es war damit auch kein Problem, ein Pferd in den anderen Stall mitzunehmen. Ende April würde der ganze Umzug über die Bühne gehen, damit noch alles vor meinem Arbeitsantritt in meinem neuen Job erledigt war. Sollte in Zukunft ein Platz in Rubys Stall frei werden, könnte er ohne viel Aufwand jederzeit umziehen. Ich war erleichtert, denn dies erschien mir nach meinem Unfall wieder als ein deutlicher Schritt in die richtige Richtung. Es fühlte sich positiv an und das Leben ging wieder bergauf.

Zum Ende des Monats hielt ich es nicht mehr aus. Ich musste wieder aufs Pferd. Wie ein starker Sog zog mich der

Sattel förmlich an. Beim ersten Mal reiten wollte ich aber alles noch sehr vorsichtig gestalten. Ich hatte mit Ruby zuerst auf unserem (inzwischen errichteten) Reitplatz Bodenarbeit gemacht. Wir hatten unser normales Routineprogramm durchgezogen. Dazu gehörten verschiedene Vertrauens- und Respektübungen und eine Einheit an der Longe.

An diesem Tag stimmte das Bauchgefühl. Ich legte ihr den Sattel auf, schnallte meinen Helm fest und schaltete meinen Gedanken aus. Negative Stimmen rasten mir durch den Kopf, aber ich wollte mich innerlich nicht verrückt machen. Ruby trug keine Schuld am Unfall und das war das Einzige, das zählte. Es gab keinen Grund ihr zu misstrauen. Ich stieg auf und in dem Moment, als ich aufrecht im Sattel war, fluteten die Glücksgefühle meinen Körper. Ich fühlte mich wohl und kein bisschen unsicher. Es war die normalste und schönste Sache der Welt. Den Entschluss, mich nicht vom Reiten abbringen zu lassen, hatte ich es zu verdanken, dass ich mir auch keine andere Wahl ließ, als wieder aufzusteigen. Dennoch beließ ich es beim ersten Mal bei ein paar Schrittrunden. Ich wollte mich, meinem Kopf zuliebe, erstmal langsam herantasten.

Nun da ich aber wieder zu reiten angefangen hatte, war ich nicht mehr zu bremsen. Das zweite Mal entschied ich mich schon für das Gelände. Ausreiten war für mich immer schon das Allerschönste am Reitsport. Wir ritten im Schritt los und kamen zu unserer ersten Etappe, die wir normalerweise galoppierten. Diese ist sehr kurz und dauert nur ein paar Galoppsprünge bergauf. Ich überlegte kurz was ich machen sollte. Was würde ich tun, wenn dieser Unfall nicht gewesen wäre? Bevor ich zu viel grübeln konnte, gab ich Ruby das Stimmkommando zum angaloppieren. Sie sprang sofort in den Galopp ein. Ein paar Sekunden später war alles auch schon wieder vorbei, doch in meinem Bauch kribbelte es. Ich war zurück.

20

Am zweiten Mai wachte ich voller Vorfreude auf. Es war mein erster Arbeitstag in der neuen Firma. Dreamys Umzug war noch am Wochenende davor ohne Zwischenfälle über die Bühne gegangen. Nun war ich also bereit loszulegen. Um acht Uhr traf ich pünktlich im Firmensitz ein und traf auch gleich auf meine Freundin Lisa. Wir wurden freundlich empfangen. Wie bei den meisten ersten Arbeitstagen haben wir viel Zeit mit administrativen Dingen verbracht. Es wurden E-Mail-Accounts eingerichtet und Schreibtische gestaltet. Doch wir bekamen bereits erste Einblicke in die vorherrschende Arbeitsweise und in den Aufbau der Sättel.

Den Rest der Woche verbrachte ich bereits in der Werkstatt und versuchte mich am Nähen von Gurtstrippen oder sonstigen Lederteilen oder fuhr mit dem Chef in den Außendienst. Eine Einschulung am lebenden Objekt sozusagen. Diese Tage waren die längeren, weil wir viele Termine mit Kunden hatten und diese „gefühlt" in ganz Österreich verteilt waren. Aber genau auf das hatte ich mich eingestellt. Jede Einschulungszeit die ich bis jetzt hatte, war intensiv. Da machte es auch keinen Sinn, die

Stunden zu zählen. Am Beginn gehörte das dazu. Aber ich konnte jede Menge lernen und sah den Ablauf in der Praxis. Alle Erklärungen und Sattelanpassungen konnte ich mir direkt am Pferd anschauen und musste nicht auf staubige Bücher zurückgreifen.

Ebenfalls durfte ich auch mit einem Pferdetierarzt mitfahren, der sich auf Osteopathie spezialisiert hatte. Dieser war einer der Gründer des Unternehmens für das Lisa arbeitete. Er war bei der Entwicklung des Longier-Systems maßgeblich beteiligt gewesen. Das war nicht nur lehrreich, sondern auch spannend. Ich erzählte ihm von unserer Therapieausbildung in Deutschland und wir konnten gemeinsam diskutieren. Er erläuterte mir seine Überzeugungen und Ansichten und ich durfte ihn alles Fragen. Ich hatte bis jetzt großen Respekt davor, Tierärzten von diesem Kurs zu erzählen, da man es ja in Österreich als Normalsterblicher nicht anwenden durfte. Doch diese Gespräche fanden auf Augenhöhe statt, sodass ich mich auch traute, bei Befunden die ich noch nicht so nachvollziehen konnte, genauer nachzufragen.

Das alles in Kombination füllte den ersten Monat aus. Ich kam am Abend meist hundemüde nach Hause, weil die

Tage, so lehrreich sie auch waren, durchaus anstrengend waren. Wenn ich kürzere Tage hatte, versuchte ich so gut wie möglich die Pferde zu betreuen und an den Wochenenden ging es oft zu unseren Lehrgängen. Wir mussten einige Kurswochenenden wegen Terminkollisionen verschieben und nun kamen die Kurswochenenden Schlag auf Schlag. Von Ende Mai bis Ende Juli hatten wir nur zwei Wochenenden, die nicht mit Kursprogramm gefüllt waren. Ich musste immer am Ball bleiben und durfte nichts auf morgen verschieben.

Ende Mai fand die Pferdemesse in Wels statt und ab diesem Zeitpunkt durfte ich die ersten Kundentermine alleine machen. Da kam die Messe genau zum richtigen Zeitpunkt. Denn der große Vorteil von Messen ist, dass die Menschen zu dir auf den Messestand kommen. Schnell bekam ich ein Gefühl dafür, welche Fragen wichtig waren. Wenn ich die Antwort auf eine Frage aber nicht wusste, hatte ich immer jemanden in unmittelbarer Nähe, der mir helfen konnte. Eins hatte ich auf jeden Fall schon bemerkt. Die Pferdewelt tickte deutlich anders als die Landwirtschaft. Während die meisten Landwirte im Prinzip kleine Unternehmer waren und man hier mit viel Rationalität und Fakten überzeugen konnte, standen bei den Pferdemenschen die Emotionen und Gefühle klar an erster Stelle. Bei genauerer Überlegung war das auch nicht verwunderlich. In der Landwirtschaft geht es darum, seinen Unterhalt zu verdienen, während viele Pferde nur als Hobby gehalten werden. So unterschiedlich diese beiden Welten auch sind, jede Branche hatte seine Vor- und Nachteile. Aus Sicht der Verkäuferin musste ich sagen, dass es mehr Spaß machte, auf einem wachsenden Markt zu arbeiten. In der Landwirtschaft hatte ich zu oft gesehen, wie die Betriebe ihre Tore für immer schließen mussten.

Diese Messe war für mich der Start für eigene Kundentermine. Dabei bekam ich die verschiedensten Anfragen. Vom Sattelkontrollen und Anpassungen bis hin zum Probereiten für einen neuen oder gebrauchten Reitsattel. Ihr könnt euch gar nicht vorstellen, wie aufgeregt ich anfangs war. Vor allem bei den Sattelkontrollen bei denen ich entscheiden musste, ob man den Sattel anpassen konnte oder der Reiter einen neuen brauchte. Wenn ich einen Sattel für die Anpassung prüfen musste, schrieb ich immer genau auf, was zu tun war und brachte den Sattel dann in den Firmensitz. Dort arbeitete ein ausgebildeter Sattler in der Werkstatt, der für mich alle

arbeiten erledigte. Wir besprachen jeden Sattel durch und er erklärte mir, welche Maßnahme er für sinnvoll hielt und welche nicht. Auch wenn er eine andere Maßnahme für zielführender hielt, teilte er mir diese mit. Durch die gemeinsamen Besprechungen konnte ich meine Beurteilungen noch verbessern. Schließlich sah ich jedes Mal, wenn ich die Sättel wieder auslieferte, das Ergebnis und wie sich die Anpassungsarbeiten auf den Sattel auswirkten. Die ersten Male betete ich immer innerlich, dass alles passte, wenn ich einen Sattel nach der Reparatur aufs Pferd legte. Wenn dann alles perfekt an Ort und Stelle lag, war ich immer irrsinnig erleichtert. Es dauerte eine Weile, bis diese Gefühle nachließen. Natürlich werde ich nie vergessen, wie ich den ersten Sattel verkauft habe. Die Kundin hatte sich damals sogar für den teureren von den beiden finalen Kandidaten entschieden. Innerlich tanzte ich einen Limbo, als sie den Vertrag unterschrieb. Sie war die Erste, die ich mit einem Sattel glücklich machen konnte und es würden noch so viele folgen.

Doch der größte Zugewinn war die Freude, die mir meine Arbeit bereitete. Ich hatte jeden Tag mit Pferden und ihren Besitzern zu tun und arbeitete direkt und unmittelbar mit ihnen zusammen. Es machte Spaß, mit den Reitern Sättel zu probieren und ihre begeisterten Gesichter zu sehen, wenn sie sich plötzlich in „ihren“ Sattel setzten, bei dem alles passt und sie sich pudelwohl fühlten. Oder das Feedback kam, dass sich das Pferd noch nie so locker unter dem Reiter bewegte und plötzlich alles so leicht ging. Es war oft eine Herausforderung zwischen all den Schilderungen und Wünschen zwischen den Zeilen zu lesen und schließlich die Kriterien herauszupicken, die Pferd und Reiter glücklich machten. Oft verriet mir auch mein Bauchgefühl, welcher Sattel am besten passte und nicht nur einmal hatte ich damit Recht.

Immer wieder gab auch das Pferd den entscheidenden Impuls, indem es deutlich anzeigte, welchen Sattel es bevorzugte. Es war immer wieder faszinierend zu sehen, wie deutlich und klar Pferde ihre Meinung zu den Sätteln kommunizieren konnten. Einmal hatte ich den Fall, dass eine Besitzerin für ihr Pferd einen Vielseitigkeitssattel kaufen wollte. Doch bei jedem Sattel, den ich aufs Pferd legte, legte die Stute die Ohren an und machte Andeutungen zu beißen. Ich dachte zuerst, dass die Stute unter schwerem Sattelzwang litt und grundsätzlich keinen Sattel haben wollte, bis ich einen Dressursattel holte und diesen auflegte. Dieser lag hinter der Schulter und ragte nicht in das Schulterblatt hinein. Auf einmal blieb die Stute ruhig stehen und ließ sich ohne einen Mucks manierlich satteln. Diese Stute wollte keinen Druck auf der Schulter haben und hatte dies auch sehr deutlich zum Ausdruck gebracht. Pferd und Reiter wären wahrscheinlich nie glücklich geworden, wenn wir nun auf einen Vielseitigkeitssattel bestanden hätten. Kurze Zeit später habe ich ein Video von der Besitzerin bekommen, indem sie mit dem Dressursattel sogar kleine Sprünge machte und voller Freude durch die Reithalle ritt.

Das waren Momente, die man immer bei sich hat und von denen man zehrt, wenn es nicht so gut läuft. Denn natürlich hatte ich auch Kunden dabei, da lief es nicht rund. Man konnte teilweise auch nicht feststellen, an was es lag. Es wollte eben einfach nicht sein. Das war natürlich die Ausnahme, aber es kam vor und diese Kunden haben dann meistens eine Menge Zeit und Nerven verschlungen. Deswegen habe ich immer versucht, genau diese Kunden als „liebevolles" Geschenk zu sehen. Sie haben mich immer, mal netter und mal nicht so nett, auf etwas aufmerksam gemacht, dass ich verbessern konnte. Gelungen ist mir das bei weitem nicht immer, aber im Nachhinein betrachtet habe ich immer, und sei es noch so eine Kleinigkeit, etwas daraus gelernt. Ich war zufrieden mit meinem Leben. Es hätte für mich gerne so bleiben können. Aber Zufriedenheit ist der Tod des Fortschritts und genau das dachte sich mein Leben wohl auch für mich.

21

In der Zwischenzeit hatte sich auch in meinem Privatleben wieder etwas geändert. Überraschend war in Rubys Stall doch ein Platz frei geworden. Das ging doch recht schnell, da Dreamy sich im anderen Stall gerade erst gut eingelebt hatte. Doch das war eine Chance, die ich mir eigentlich nicht entgehen lassen konnte. Wer weiß, ob sie ein zweites Mal kam? Auch wenn ich Dreamy nur ungern aus seiner Gruppe holte, übersiedelte er trotzdem in Rubys Stall. Geplant war, ihn zuerst mit Ruby zu vergesellschaften und danach mit dem Rest der Herde. Ich machte mir dabei überhaupt keine Sorgen, denn Ruby war bis jetzt immer und überall stets freundlich zu jedem neuen Pferd gewesen.

Sie war diese Art von Pferd, die nach einer gemeinsamen Fahrt im Hänger oder einem Ausritt mit fremden Pferden, wie ein Herz und eine Seele auf der Koppel stand. Ich brachte Dreamy also in sein neues Offenstallabteil und kurz darauf kam Ruby dazu. Sie war wie gewohnt neugierig und freundlich. Ihm war sie eher unheimlich, aber sie schienen sich zu vertragen. Für mich war es nun eine große Erleichterung, beide Pferde im selben Stall zu haben. Auch wenn die beiden nur ein paar Minuten voneinander entfernt untergebracht waren, so war es doch immer zeitintensiv gewesen, beide Pferde an einem Tag zu betreuen. Nun ging vieles in einem und das genoss ich jeden Tag. Wir machten auch Ausritte, bei denen Ruby von jemand anderem geritten wurde und ich auf Dreamy saß. Das klappte prima.

Ich hatte nun auch ein weiteres Pferd, um meine Kenntnisse bei meinen Ausbildungen zu vertiefen und zu üben. Bei den Kursen ging es nun langsam immer mehr ans Eingemachte. Immer öfter fiel der Begriff "Prüfungsrelevant" und langsam aber sicher begannen die ersten Kursteilnehmer am Rad zu drehen. Ich machte mir Gedanken darüber, welche Prüfungen ich machen würde. Bei meiner Ausbildung zum Tiertrainer war es ganz klar, dass ich diese machen würde, denn diese war in Österreich anerkannt und es gab ein Diplom von einem großen staatlichen Fortbildungszentrum. Bei unserem Kurs in Deutschland war das Gegenteil der Fall. Jedes Zertifikat was ich dort erhielt, war in Österreich nichts wert. Ich musste sogar eher befürchten, dass ich Mahnungen bekommen würde, wenn ich damit herumprahlen würde. Es war schließlich nur Tierärzten vorbehalten diese

Tätigkeiten am Pferd durchzuführen, die in Deutschland aber jeder machen durfte. Richtig gelesen, in unserem Nachbarland darf jede fachkundige und auch nicht fachkundige Person am Pferd Gelenke einrichten. Sogar eine Blutabnahme ist dort als Tierheilpraktiker erlaubt. Bei den verschreibungspflichtigen Medikamenten und Operationen hört sich der Spaß dann aber auf – zum Glück. Wen man an sein Pferd lässt und wer wirklich gut in seiner Tätigkeit ist, darf der Besitzer selbst herausfinden und die Folgen der Behandlung sowohl positiv, als auch negativ, wird er an seinem eigenen Pferd sehen können. Zurück zum Thema. Ob ich also die Prüfung machte oder nicht hatte nur für mich persönlich einen Wert. Ich dachte mir aber, dass es sicher kein Fehler wäre, alles nochmal zu wiederholen. Also entschied ich mich die Prüfung zu machen – für mich. Einziger Haken an der Sache war, dass die beiden Termine der Abschlussprüfungen genau drei Tage auseinander lagen. Das hieß intensives paralleles Lernen neben einem Fulltimejob und zwei Pferden. Aber gut, ich hatte mich schon daran gewöhnt, keine Freizeit mehr zu haben.

Bei meiner Arbeit ging es anfangs wie gewohnt weiter. Ich machte meine Termine und hatte gute Erfolge. Ich gewann

an Sicherheit und Selbstvertrauen bezüglich meiner Aussagen zu den verschiedenen Sätteln und bekam auch viel positives Feedback. Nur eine Sache begann langsam in mir zu nagen. Ich spürte, dass die von der Firma vorgegebene Arbeitsweise und meine Wunscharbeitsweise immer stärker auseinander zu klaffen begann.

In meinem Tiertrainerkurs hatten wir immer stärker das Thema Online Marketing behandelt und wie man dort einfach und zielgerichtet Kunden erreichen konnte. Das übliche Herumfahren und Werbung verteilen und nachfragen, ob jemand die eigenen Produkte oder Leistungen benötigt, wurde mehr und mehr veraltet. Ich selbst hatte das in meiner früheren Zeit als Außendienstmitarbeiterin zu Genüge getan und mir waren dabei die großen Streuverluste aufgefallen. Man musste so viele Kunden ansprechen, um einmal die Chance zu bekommen, seine Produkte vorzustellen. Zusätzlich ging eine Menge Zeit verloren, in der man entweder Termine planen oder auch seine Zeit für andere Dinge nutzen konnte. War es nicht viel effizienter, das Ganze online und automatisiert auszulagern? Diese Art der Werbung kann man extrem zielgerichtet schalten, sodass wirklich nur die Menschen angesprochen werden, die die eigenen Dienste auch wirklich benötigen und auch davon profitieren können. All diese Gedanken gingen mir durch den Kopf und somit kam es auch wie es kommen musste.

Ende Juli saßen mein Chef und ich bei einer Besprechung zusammen und ich teilte ihm mit, dass ich mich selbstständig machen würde. Mit Anfang September würde ich mein eigenes Ding starten. Dieser Schritt war für mich mehr ein stolpern, als das ich wirklich mit vollem Herzen sagte: „Ja, ich bin soweit!". Allerdings schien es mir in meiner Lage der einzige sinnvolle Ausweg, denn ich würde auf Dauer in keinem Unternehmen als angestellte Person mehr glücklich werden. Dafür loderte in mir inzwischen schon viel zu sehr das Feuer für meine eigenen Ideen. Mein Chef war anfangs ein wenig verdutzt, aber er gab seine Einstimmung. Für ihn fielen somit alle Fixkosten weg und ich bekam nur noch eine Provision auf meinen Umsatz. Mit dieser Entscheidung hatte ich nicht nur mich und meinen Chef, sondern auch viele in meinem Umfeld richtig überrascht. Zum Glück bekam ich viel positiven Zuspruch. Da meine ganze Familie selbstständig war, konnten sie mich auch optimal beraten und mir helfen. Sie standen mir mit Rat und Tat, bei jedem Schritt den ich machte, zur Seite. Vor allem meine Schwester bemühte sich darum, mir die besten Tipps zu geben. Doch ich werde nie vergessen, wie ich bei meinem Papa und seiner Frau mit meinem Bruder, meiner Schwägerin, sowie Opa und Oma am Lagerfeuer saß. Mit klopfendem Herzen erzählte ich ihnen was ich vorhatte. Mein Papa und mein Bruder fingen spontan an zu klatschen und das in Kombination mit der tollen Lagerfeueratmosphäre hat mich innerlich total berührt. Die berufliche Selbstständigkeit war einer meiner größten Lebensträume und nun würde ich mir diesen endlich erfüllen. Trotz aller Freude hatte ich auch Bedenken und fragte mich ob ich das schaffen würde. Von nun an gab es keine Ausreden mehr für ein Scheitern, und alle Verantwortungen gingen auf mich. Aber ich hatte mich entschieden und nun wollte ich nicht zurück. Flucht nach vorne hieß das Prinzip!

Ich blieb auch nicht untätig. Gemeinsam mit meiner Freundin Lisa arbeiteten wir auch einen Plan aus, wie wir unser neu erworbenes Wissen in Zukunft vermarkten könnten. Schließlich hatten wir viel über Pferdegesundheit und das geeignete Training gelernt. Wir wollten beide dazu beitragen, die Pferdebesitzer über die Anatomie ihrer Pferde aufzuklären, da dieses Wissen noch viel zu wenig im regulären Umlauf war. Dazu stellten wir ein eigenes

Kursprogramm zusammen, sowie das Angebot von Einzelstunden. Das würde sich als zweites Standbein sicher toll von den Reitern angenommen werden. Mit einer großen Menge Vorfreude im Bauch ging ich schließlich am 10. August 2017 in die oberösterreichische Wirtschaftskammer und sagte den Satz, der mein Leben ab diesen Zeitpunkt für immer verändern würde: „Ich möchte bitte ein Gewerbe anmelden."

22

Nun begann die bisher spannendste Zeit in meinem Leben! Ich traf alle Vorbereitungen und begann, mich intensiv mit dem Thema Vermarktung und Unternehmensführung zu beschäftigen. Mir stand noch knapp ein Monat zur Verfügung, bis der Ernstfall eintrat und ich mir jeden Euro selbst erarbeitete. Ich hatte tausend Ideen und genau das war das Problem. Da ich so vor Kreativität überfloss, wusste ich nicht mehr, was es tatsächlich Wert war, in die Tat umgesetzt zu werden. Es galt die wichtigen und effektiven Dinge herauszufiltern. Die wichtigste Sache zuerst.

Als Verkäuferin ist Mobilität gefragt, sonst war die Firma pleite, bevor ich überhaupt losgelegt hatte. Ich kaufte mir ein neues Auto, dass allem Platz bot, was ich benötigte. Es war das erste eigene seit langem, da ich nun jahrelang mit Firmenautos unterwegs gewesen war. Er hatte den stolzen Tachostand von acht Kilometern. Er roch auch wie ein Spielzeug, dass man frisch aus der Verpackung holte. Aber vom ersten Moment an fühlte ich mich pudelwohl in diesem Auto und der neue Geruch verwandelte sich blitzschnell in eine Mischung aus Leder- und Pferdeduftnoten, als ich die ersten Sättel einlud.

Als nächstes mussten alle rechtlichen und versicherungstechnischen Angelegenheiten erledigt werden. Das kann nämlich später sehr teuer werden, wenn man da schlampt. Von meinem Tiertrainerkurs und von meiner Familie wusste ich ungefähr, was auf mich zukommen würde, deswegen waren keine großen Überraschungen dabei. Das sich ein paar Ämter melden und ihre Gelder einfordern würden war mir klar. Schließlich wollte ich aber auch eine funktionierende Krankenkasse, sowie eine tadellose Versicherung für mein schickes neues Auto. Was mich aber tatsächlich wunderte war, dass bei einem mobilen Dienst eine Müllentsorgungsgebühr bei der Gemeinde fällig wurde. Auf meinen fragenden Anruf erklärte man mir, dass das so standardisiert sei. Selbst Briefkastenfirmen, die nun definitiv keinen Müll produzierten, musste diese Summe bezahlen. Ab und zu musste ich den Kopf über diese vom Menschen erschaffenen Systeme, die frei von jeglichem Sinn waren, schütteln.

Mein Job lief nebenbei natürlich weiter und ich freute mich jeden Tag mehr darauf, alles mit meinen eigenen Händen zu leiten. Mir war bewusst, dass ich anfangs wahrscheinlich weniger Kunden haben würde. Das war mir aber sogar mehr als Recht, da ich ja auch für meine Prüfungen lernen musste. Wir hatten eine große Menge an Unterlagen bekommen und diese komplett durchzuarbeiten, würde einige Zeit in Anspruch nehmen. Die Tage flossen nur so dahin und im Endeffekt war mein Kopf bis zum Anschlag voll. Die Freude auf den September, ab dem ich meine Tage selbst gestalten konnte, wurde immer größer.

Leider war mein Leben davon überzeugt, dass ich mich noch von etwas trennen musste. Schade nur, dass es meinte, dass ein Riesenknall dafür nötig war. Mir wäre es definitiv lieber gewesen, wenn es sanfter von statten gegangen wäre. Ende August hatten wir unser letztes Tiertrainerwochenende vor der Prüfung. Es machte viel Spaß und wir besprachen auch nochmal die letzten Unklarheiten, die manche noch bei dem Prüfungsstoff hatten. Ich war guter Dinge, denn ich fühlte mich gut vorbereitet. Am Sonntagmorgen erhielt ich dann einen Anruf vom Stall. Und jeder weiß, wenn du einen Anruf vom Stall bekommst und es ist spät abends oder früh am Morgen, dann hat das nie etwas Gutes zu bedeuten. Bevor ich den Anruf annahm wusste ich schon, dass etwas passiert war. Mit wild klopfendem Herzen hob ich ab. Mein Onkel war dran und erzählte mir etwas, bei dem sich bei mir die Haare aufstellten. Ruby, meine geliebte Ruby, das bravste und liebste Pferd auf der ganzen weiten Welt, genau dieses tolle Pferd hatte auf Dreamy eingedroschen. Und zwar nicht nur ein- oder zweimal, sondern sie ist richtig auf ihn losgegangen und hat ihm schwere Verletzungen zugezogen. Ich war fassungslos. Was sollte ich nun tun? Mit dieser Nachricht wurde mir auch mitgeteilt, dass ich mich um einen neuen Platz für Dreamy kümmern sollte, da es in der aktuellen Situation nicht funktionierte. Als ich auflegte, war ich wie gelähmt. Mein gesamter Brustkorb fühlt sich steif und taub an. In mir kämpfte sich eine Mischung an Gefühlen nach oben. Angst, Panik, Trauer und Verständnislosigkeit wechselten sich ständig ab und drohten ungebändigt herauszubrechen. Ich konnte es nicht fassen.

Noch komplett taub sprach ich mit dem Kursleiter. Dieser teilte mir mit, dass ich jetzt nicht heimfahren konnte, da ich sonst aufgrund der Fehlstunden nicht zur Prüfung zugelassen werden konnte. Auch wenn ich dadurch keinesfalls beruhigt war, konnte ich mich Gott sei Dank auf mein Stallteam zu Hause verlassen. Sie riefen den Tierarzt an und übernahmen die Erstversorgung. Den ganzen Tag über wurde ich mit Anrufen in den Pausen und SMS auf dem Laufenden gehalten. Größtenteils hatte Dreamy „nur" Schürfwunden, aber eben auch ein paar tiefer gehende Hämatome, bei denen man noch nicht abschätzen konnte, wie schlimm sie tatsächlich waren. Er bekam sofort Medikamente und er ließ auch die gesamte Prozedur artig über sich ergehen. Ihr könnt euch aber vorstellen, dass dieser Kurstag für mich die Hölle war. Ich saß wie auf Nadeln und sobald die letzte Stunde zu Ende war, stürmte ich auch schon zur Tür hinaus. Obwohl ich erst nach Hause kam, als es schon längst dunkel war, fuhr ich schnurstracks zu Dreamy. Der stand im Stall und fraß. Ich war erleichtert, als ich sah, dass er wenigstens Appetit hatte. Ich konnte leider nicht viel erkennen, da es schon dunkel war, aber was ich sah, reichte mir. Kaum vorstellbar, wie schlimm das für ihn gewesen sein musste. Schnell gab ich ihm noch einen kurzen Gute Nacht Kuss, denn man merkte ihm deutlich an, dass er für heute einfach genug von allem hatte und so traurig ich war, eines war mir glasklar bewusst. Eine Lösung musste gefunden werden. Eine Lösung, die passte

und die zu einhundert Prozent pro Pferd getroffen wurde und bei der ich nicht darauf Rücksicht nehmen durfte, was ich wollte oder was praktisch für mich wäre. Mit einem schweren Stein im Magen schlief ich an diesem Abend unruhig ein.

Am nächsten Morgen begann ich alle meine Möglichkeiten durchzuspielen. Dreamy konnte nicht bleiben, wo er jetzt war, also was sollte ich tun? Nur Dreamy umsiedeln? Ich wollte ihm nach dieser Sache nicht zu viel Action zumuten. Also musste es ein Stall sein, bei dem er auf jeden Fall eine Box für sich alleine hatte und nachdem er wieder gesund war, vielleicht nur ein rangniederer Weidepartner zu ihm auf die Koppel kam. Was sollte ich aber dann mit Ruby machen? Sie mitnehmen? Für sie war der aktuelle Platz optimal und sie fühlte sich wohl. Einen Stall in dem ich einen Offenstall und eine Box für Dreamy bekommen würde, wäre mehr als schwierig zu finden. Ich könnte natürlich auch wieder zwischen zwei Ställen hin und her fahren? Doch eine Sache ließ mir keine Ruhe. Ich wollte später selbst einen Stall haben und da würden die beiden dann wieder zusammen in einem Stall sein. Wie sollte das denn klappen? Jede Option die mir in den Sinn kam, wurde in Gedanken auf alle Eventualitäten getestet. Meine

Gefühle fuhren dabei Achterbahn. Ich hatte keinen Appetit mehr. Der Stein im Bauch füllte alles aus. Langsam aber sicher manifestierte sich die Antwort in mir, die ich absolut nicht hören wollte. Es tat einfach nur weh! Ich sollte Dreamy so viel Stress wie möglich ersparen und ihn dort hinbringen, wo ich weiß, dass es ihm gut geht und ihm alles vertraut ist. Da gab es nur einen Ort – seine Vorbesitzer. Ich glaube in meinem ganzen Leben ist mir noch nie etwas so schwergefallen. Das Gefühl, vollkommen versagt zu haben, durchflutete jede einzelne meine Adern. Fragen wie: „Was wäre, wenn?" oder „Wie hätte ich das verhindern können?" dominierten meine Gedanken. Mir graute davor, aber es gab keinen anderen Weg. Ich musste meinen tollen Buben, der sich schon langsam aber sicher zu einem tollen Freizeitpferd entwickelt hatte, wieder abgeben. Mir wurde fast übel, als ich die Nummer wählte und auf „Anrufen" klickte.

Dann ging alles ganz schnell. Sie bestanden darauf, ihn sofort abzuholen, auch wenn ich ihm gerne noch etwas Ruhe zur Erholung gegönnt hätte und ich niemanden Tierarztkosten aufhalsen wollte. Immerhin sollte ich diese tragen, aber sie wollten den Heilungsverlauf selbst begleiten. Es wurde nicht viel gesprochen, aber das musste man auch nicht. Ich machte mir selbst schon genügend Vorwürfe. Im Nachhinein kann man immer sagen, was man besser gemacht hätte, nur nützt es da nichts mehr. Als Dreamy schließlich abgeholt war und mit ihm alle seine Sachen, verließ mich meine letzte Kraft, die ich noch irgendwie aufgebracht hatte, um alles zu regeln. Ich setzte mich zu Ruby in den Stall. Es hätte keinen Sinn gehabt auf sie sauer zu sein. Das würde nur noch mehr weh tun. Allerdings hätte ich sie gerne gefragt: „Warum?“ Doch auch wenn sie mir tief in die Augen schaute, konnte ich die Antwort darin nicht lesen. Ich konnte nur hoffen, dass das Leben einen Plan hatte und alles aus einem bestimmten Grund passierte. Allein dieser Glaube hielt mich davon ab, mich vollkommen in meiner Trauer zu vergraben.

23

Somit startete ich an einem absoluten seelischen Tiefpunkt in meine Selbstständigkeit. Ich bekam viel Zuspruch von den Personen in meinem Umfeld, die mir auch bestätigten, dass es die richtige Entscheidung war. Dennoch benötigte ich einige Tage, bis ich wieder einigermaßen gefasst war. Mit der Arbeit konnte ich mich gut ablenken, um nicht zu viel ins Grübeln zu kommen. Ich musste mein Leben wieder auf die Reihe bekommen, denn ab jetzt konnte ich mir einen Durchhänger nicht leisten, vor allem nicht, wenn ich ganz am Anfang stand!

Es tat mir gut, mich auf etwas Neues zu fokussieren. Jetzt musste ich erstmal Kunden gewinnen, denn ohne Kunden läuft es in einer Firma immer ziemlich schlecht. Eines wusste ich jedoch ganz sicher. Ich wollte niemanden mehr einfach so anquatschen. Das musste ich in meinem Dasein als Außendienstmitarbeiterin schon genug machen. Es gab so viele Möglichkeiten, Menschen online auf sich aufmerksam zu machen, dass ich auf diesen Zug aufspringen wollte. Somit konnte ich Präsenz zeigen, ohne mich aufzudrängen. Das erste Tool, das mir dabei am sinnvollsten erschien, war Google. Das ist die

Suchmaschine überhaupt und fast jeder von uns nutzt sie täglich. Wie praktisch ist es da, dass es einen Dienst von Google gibt, der dafür sorgt, dass du ganz am Anfang mit deiner Anzeige stehst, wenn jemand ein Suchwort eingibt, dass zu dir passen könnte. Noch dazu zahlt man nur pro tatsächlichen Klick auf deine Anzeige und keine Pauschale. Diese Möglichkeit hat mir den Arsch gerettet. Denn sie hat - ich „Lobe den Herrn" dafür - vom ersten Tag an funktioniert. Und zwar so, dass ich jede Woche Neukunden gewonnen habe. Ich habe meine Website optimiert und an meinen Anzeigen gefeilt, damit die Menschen auch auf meiner Seite blieben, wenn sie schon mal da waren. Die Investitionssumme, die ich für diese Anzeigen investiert habe, rentierten sich auch immer. Denn die Umsätze, die ich dadurch erreicht habe, waren nicht selten im vierstelligen Bereich und das nur bei einem Auftrag. Natürlich hatte ich immer einmal mehr und einmal weniger Kunden, aber im Schnitt hatte ich an vier von fünf Tagen genug Arbeit, dass es sich lohnte, dafür ins Auto zu steigen. Für den Anfang war ich vollkommen zufrieden.

Das aller aller größte war für mich aber die neu gewonnene Freiheit. Ich konnte mir die Tage selbst gestalten und niemand sagte mehr, was ich zu tun oder zu lassen hatte.

Es gab einen regelrechten Energieboost in mir. Den hatte ich auch bitter nötig. Wenn ich gewusst hätte, welche Veränderung es in mir auslösen und wie es sich in mir anfühlen würde, hätte ich diesen Schritt schon viel früher gewagt. Es war mit nichts, dass ich kannte, vergleichbar. Mein Kopf begann wieder auf Hochtouren zu laufen und lieferte mir neue Ideen. Ich wollte nicht nur Sättel verkaufen und an ein Pferd anpassen, sondern ich wollte auch meine Ausbildungen, die ich bald abschließen würde, in meine Arbeit einbauen und Menschen schulen, wie sie ihr Pferd mit den verschiedensten Möglichkeiten so lange wie möglich gesund erhalten können.

Zwischen all diesen neuen Dingen versuchte ich so gut wie möglich das Lernen für die Prüfungen einzubauen. Ich arbeitete den Stoff durch und saß oft stundenlang auf der Couch oder am Schreibtisch mit einem Block, Kugelschreiber und Leuchtstift bewaffnet. Es war umfangreich, aber ich arbeitete mich mehrmals durch alles durch. Bei der Tiertrainerprüfung hatte ich von Anfang an ein gutes Gefühl, auch weil sehr viel Praktisches dabei war. Das Bauen einer Webseite oder das Schreiben und Präsentieren einer extra für diese Ausbildung angefertigten Arbeit gehörte ebenfalls dazu. Vieles hatte ich gerade für mein Unternehmen erledigen müssen und war demnach frisch im Gedächtnis.

Bei der zweiten Ausbildung rund ums Thema Pferdetherapie war es schon schwieriger. Es war sehr viel mehr Theorie und Fachliteratur zu lernen. Mehrmals musste ich hart mit mir kämpfen, ob ich überhaupt zur Prüfung antreten würde. Würde nicht alles viel zu viel werden? Ich musste mich innerlich fragen, ob ich das wirklich wollte und wo meine Prioritäten lagen. Ob ich die Prüfung machte oder nicht, war für mein Arbeitsleben komplett irrelevant. Denn ich durfte in Österreich auch mit der positiven Bescheinigung der Ausbildung nicht als Pferdetherapeutin arbeiten. Für meine geplanten Beratungen war nur wichtig, dass ich dieses Wissen hatte. Nur die aller wenigsten deiner Kunden interessierten sich dafür, mit welcher Note du eine Prüfung absolviert hast. Machte ich mir also komplett umsonst Stress? Sollte ich die Prüfung vielleicht ein andermal machen? Schlussendlich entschied ich mich dafür, auf jeden Fall anzutreten. Nicht unbedingt, weil ich eine Bestnote haben wollte, von diesem Gedanken hatte ich mich längst verabschiedet. Ich wollte den Stoff nochmal abschließend verinnerlichen und das macht man eben nur richtig, wenn es auch wirklich abgefragt wird. Also anstatt

mir selbst etwas Druck zu nehmen, entschied ich mich bewusst für Vollgas.

Die Prüfungen rückten Tag für Tag näher. Zuerst würden wir nach Deutschland fahren und einige Tage später dann unseren Abschluss im Waldviertel machen. Als ich an dem entscheidenden Tag aufwachte, spürte ich schon ein komisches Kribbeln in der Bauchgegend. Es war ein nasser grauer Tag. Wir standen extra früh auf, um sicher nicht zu spät zu kommen. Ich hatte am Abend zuvor demonstrativ beschlossen, nicht mehr zu lernen, da mir der Kopf nur mehr schwirrte und ich keinen klaren Gedanken mehr fassen konnte. Bei meiner Matura hatte ich das ähnlich gemacht. Man macht sich nur mehr selbst verrückt. An unserer Schule angekommen, waren alle nervöse Nervenbündel. Auch die Besten des Lehrgangs waren angespannt. Uns wurde in den letzten Monaten auch mehr wie genug Respekt vor diesem Tag eingeflößt. Nicht nur von der Ausbildnerin, sondern auch von ehemaligen Schülern. Ich versuchte mich innerlich zu beruhigen. Wenn ich aufgeregt war, konnte ich noch nie vernünftig denken. Die Theorie war zuerst an der Reihe. Es war ein Multiple Choice Formular, also ein Test bei dem man sein Kreuzchen richtig setzten musste. Klingt einfach? So einfach war es leider nicht, denn bloß ein Kreuz falsch gesetzt und die gesamte Frage war falsch. Um uns auch genug zu fordern, wurde die Formulierungen und Fragestellungen zusätzlich noch sehr heikel formuliert. Am Ende zählte ich meine Fragen durch, bei denen ich mir wirklich sicher war und war beruhigt. Es sollte sich eine positive Note ergeben. Danach kamen wir einzeln zur mündlichen Prüfung.

Bis zu dem Zeitpunkt habe ich jeden nur belächelt, der gesagt hatte, dass bei seiner Prüfung der Kopf auf einmal wie leergefegt war. Ein Black-Out sozusagen. Nun durfte ich es am eigenen Leib erfahren, wie sich das anfühlte. Im Nachhinein gesehen habe ich teilweise sehr seltsame Antworten gegeben. Das ist mir aus heutiger Sicht absolut bewusst. Ebenfalls weiß ich auch, dass ich damals im Prinzip die Lösungen gewusst hätte, aber dermaßen ein Brett vor dem Kopf hatte, dass ich sehr viel Müll gequatscht habe. Es waren Fragen dabei, die ich vorher noch einwandfrei erklären konnte, die mir plötzlich Probleme machten. Die erdrückende und ernste Stimmung die dazu noch herrschte, tat das übrige. Nach gefühlten Stunden war es endlich vorbei. Ich wusste, dass es das gewesen war. Nie und nimmer würde das ein positives Gesamtergebnis ergeben. Komischerweise fühlte ich mich nicht traurig.

Sicher war ich etwas enttäuscht, aber hauptsächlich war ich froh, dass es vorbei war. Bei der Verkündung der Noten war für mich keine Überraschung dabei. Das einzig fiese war, dass ich von Anfang an keine Chance hatte, die Prüfung zu bestehen. Zu dieser Prüfung gehörten unter anderem Behandlungsprotokolle von drei Pferden, die wir ein paar Wochen vor der Prüfung einreichen mussten (somit in der Zeit als das mit Dreamy passierte). Diese zählten auch zum Ergebnis. Und nur, wenn die Protokolle und die beiden abgelegten Prüfungen jeweils positiv waren, hatte man die Prüfung bestanden. Ihr ahnt es sicher bereits und ja, die Protokolle haben den Anforderungen nicht entsprochen. Das heißt, selbst wenn ich an diesem Tag eine perfekte Performance abgelegt hätte, hätte es nicht gereicht. Das hätte man mir echt auch früher sagen können. Es hätte mir so viel erspart.

Im ersten Moment trauerte ich einfach nur der verlorenen Zeit nach. So viele Stunden, die ich für etwas anderes und nachhaltigeres verwenden hätte können. Immerhin hatte ich aber mein persönliches Ziel erreicht. Ich hatte den Stoff nochmal verinnerlicht. Wen kümmerte schon eine vergeigte Prüfung? Ich kenne kaum jemanden, bei dem noch nie etwas so richtig in die Hose ging. Aus allem ist zuletzt immer etwas geworden. Es wäre schön gewesen, wenn ich das gleich vom ersten Moment so sehen hätte können, aber diese Sichtweise kam mit der Zeit. Mit jeder Woche die verging, konnte ich immer mehr Frieden damit machen. Das kann passieren, es macht uns menschlich.

Nun hatte ich ja noch eine zweite Ausbildung und hier war der Abschluss drei Tage später. An diesem Tag fuhr ich viel entspannter los. Ich hatte ja nun absolut keinen Druck mehr. Ob es jetzt eine oder zwei vermurkste Prüfungen waren, war auch schon egal. Aber an diesem Tag merkte ich, wie viel Einfluss die Umgebung und das Umfeld auf mich hatte. Die Prüfer haben uns allen gut zugesprochen und dafür gesorgt, dass wir zuversichtlich waren. Das zeigte bei mir deutlich Wirkung. Ich konnte, als es dann ernst wurde, viel lockerer über alles sprechen und mein Kopf griff deutlich besser auf alle Informationen in meinem Gehirn zu.

Kennt ihr das Gefühl, wenn man weiß, dass man gut war? An diesem Tag fühlte ich das zu einhundert Prozent. Nicht wirklich überrascht, aber trotzdem überglücklich las ich später auf meinem Zeugnis das „Sehr gut“. Zwei Prüfungen und sie hätten gegensätzlicher nicht sein können. Nur das ich bei der bestandenen Prüfung jetzt nun ein in Österreich gültiges Diplom erhielt, das von einem der größten Ausbildungsstätten des Landes abgesegnet wurde. Dieser Ausgang war mir um einiges lieber, als wenn es umgekehrt gewesen wäre. Doch es gab noch ein anderes Highlight an diesem Tag. Vor den Prüfungen erzählte ich meinen Ausbildnern, dass ich mich selbstständig gemacht hatte. Ihre Freude darüber war so echt und herzlich, dass man klar erkennen konnte, dass wir ihnen ans Herz gewachsen waren. Es fühlte sich fast genauso an, als würde man seinen Eltern eine gute Nachricht überbringen. Meiner Meinung nach macht man als Ausbildner sehr viel richtig, wenn man diese Gefühle in seinem Schützling hervorrufen kann.

Nach den Prüfungen fuhren wir gleich weiter zu der Pferdemesse in Wiener Neustadt, denn dort wurde ich für den Rest des Wochenendes zum Messedienst erwartet. Wir haben am Ende dieses Tages gefeiert. Besonders ich und meine Freundin. Unsere Ausbildungen waren nun abgeschlossen. Wie gern wir auch in jedem Kurs saßen, so war es auch eine unglaublich intensive Zeit gewesen. Am meisten freute ich mich darauf, wieder ein freies Wochenende zu haben. Gleichzeitig konnte ich mich nun auf etwas anderes freuen und zwar den Fokus komplett bei mir und meiner Firma zu haben. Es war das Ende einer Ära und gleichzeitig der Anfang von etwas viel Größerem und ich konnte nicht in Worte fassen, wie gespannt ich auf die Zukunft war.

Gleichzeitig mit meiner Selbstständigkeit entdeckte ich noch ein weiteres spannendes Gebiet. Die persönliche Weiterbildung in Form von Podcasts, Hörbüchern und Vorträgen auf YouTube. Welch ein geballtes Wissen es doch gibt, dass einfach nur darauf wartet, von uns konsumiert zu werden! Innerhalb kürzester Zeit war ich regelrecht süchtig nach diesen Audioinhalten, die ich bei meinen langen Autofahrten stundenlang hörte. Sie handelten genau von den Themen, die mich gerade beschäftigen und auf Trab hielten. Wie gründete man eine Firma und führte sie richtig? Wie konnte man sich selbst erfolgreich vermarkten? Wie schaffte man es, seine Einstellung dem Leben gegenüber so zu verändern, dass die guten Dinge wie von selbst in das eigene Leben kamen? Auf all diese Fragen fand ich hier die Antworten.

Auch wurde mir eines klar verdeutlicht: „Ich bin mein größtes Kapital!“. Man kann noch so viel Geld oder andere wertvolle Gegenstände um sich herumhaben, wenn es einem selbst nicht gut geht, kann man nichts davon genießen. Aber man kann förmlich Bäume ausreißen, wenn man auf die körperliche aber vor allem geistige Gesundheit achtet. Genau aus diesem Grund musste ich meinen Kopf fit halten. Ich spürte, wie ich all diese Inhalte wie ein Schwamm aufsaugte. Es kam mir fast so vor, als wenn dieses Wissen das Wasser war und ich hatte soeben festgestellt, dass ich kurz vor dem verdursten war. Kennt ihr das Gefühl, wenn du etwas vollkommen Neues entdeckst und du dich dann selbst fragst, wie du bis jetzt ohne diese Sache hast Leben können? Genau so ging es mir dabei.

Eines ist aber so sicher wie das Amen im Gebet. Du kannst dich nicht mit der Entwicklung deiner Persönlichkeit beschäftigen und weiterleben wie bisher. Schritt für Schritt wird sich automatisch dein Leben verändern, wenn du bereit dafür bist. Es gab insbesondere eine große „Botschaft" die mich beschäftigte. Die Theorie, dass man der Durchschnitt der fünf Menschen ist, mit denen man die meiste Zeit verbringt. Vereinfacht gesagt: „Umgibst du dich mit Menschen, die ihr Leben nicht auf die Reihe bekommen, wirst du selbst es wahrscheinlich auch nicht schaffen! Hast du aber Menschen um dich herum, die große Ziele haben, diese auch erreichen und einen Unterschied in der Welt machen wollen, so wird auch das auf dich abfärben! Wie von selbst steuerst du dann auf den

Erfolgskurs!" Wenn du diesen Spruch zum ersten Mal hörst bist du schockiert! Instinktiv checkst du deine Freunde und Familie ab. Welche Einstellung haben sie im Leben? Denn in einer Sache sind sich alle einig, von denen du diesen Spruch hörst. Hast du jemanden in deinem Umfeld, der dich runterzieht, solltest du deinen Kontakt mit dieser Person, dir selbst zu Liebe, erheblich einschränken. Nun wie erklärst du einer dir nahestehenden Person, dass du plötzlich nichts mehr oder weniger mit ihr zu tun haben möchtest? Die meisten würden das wahrscheinlich nicht so locker wegstecken.

Auch ich habe meine engsten Bezugspersonen gründlich durchforstet und war ziemlich erleichtert. Auch wenn nicht jeder gleich die Welt verändern wollte, hatten alle eine mehr oder weniger gute Einstellung gegenüber dem Leben. Mein Unterbewusstsein hatte also zu meinen Gunsten bereits vorsortiert. Ich registrierte sogar, dass ich mein Umfeld mit neuen Denkansätzen und Sichtweisen positiv beeinflussen konnte! Anfangs war ich etwas besorgt, dass mich einige meiner Liebsten für verrückt halten würden, wenn ich von einer positiven Lebenseinstellung und dem aktiven Gestalten des eigenen Lebens sprechen würde, aber dem war nicht so. Vor allem bei meinem Freund

konnte ich feststellen, wie er aufblühte und ich steckte ihn mit der Begeisterung an. Für mich ist es immer wieder eines der schönsten Dinge, wenn ich ihm dabei zusehen kann, wie er immer mehr beginnt, sein eigenes Potential auszuschöpfen. Dinge die vor ein paar Jahren noch unvorstellbar waren, gehen ihm nun leicht von der Hand und er strahlt mit jedem Jahr, dass ich ihn kenne, mehr von innen heraus.

Leider war es nicht mit allen meinen Freunden so. Doch diejenigen bei denen ich mir tatsächlich Sorgen machte, sah ich sowieso sehr wenig oder der Kontakt hatte sich über die Jahre zuvor schon erheblich reduziert. Wie so oft entwickelt man sich auseinander und jeder schlägt andere Wege ein, auch wenn man den Kontakt noch so gerne aufrechterhalten hätte. Ab und zu muss eben etwas zu Ende gehen, um anderem Platz zu machen.

Denn auch neue Menschen kamen in mein Leben. Inspirierende Personen mit denen ich mich super austauschen konnte und die mir auch mit Rat und Tat zur Seite standen. Eine davon war Anita. In der Pferdebranche ist sie die Berühmtheit schlecht hin, wenn es um die junge Nachwuchsgeneration geht. Ihr YouTube Kanal ist dabei weit über die Grenzen Österreichs bekannt. Auf den sozialen Medien hatte ich sie schon mindestens zwei Jahre verfolgt, aber mit meinem neuen Job hatte ich die Gelegenheit sie persönlich kennenzulernen. Sie hatte zu dem Zeitpunkt ein junges Pferd, für das ein Sattel benötigt wurde und ich konnte in meiner Angestelltenzeit noch eine gemeinsame Kooperation mit unserer Firma einfädeln. Es machte allen Beteiligten viel Spaß und wir lernten eine neue Welt kennen. Es wurden Videos in unserem Büro gedreht und wir durften zu ihr an den Stall fahren, zum Probereiten und Sattel checken. Für mich war es doppelt spannend, da ich nun einmal einem richtigen Profi bei der Arbeit zusehen konnte.

Womit ich aber niemals gerechnet hätte war, dass sich daraus eine enge Freundschaft entwickeln würde. Dabei passierte das mehr aus Zufall. Als Anita ihren neuen Sattel bekam, berichtete sie uns von einem Fotoshooting, dass in nächster Zeit bei ihr anstehen würde. Dabei würde sie bei einer extrem bekannten Pferdefotografin im deutschsprachigen Raum vor der Linse stehen – Alexandra Evang. Wie es das Schicksal aber wollte, hatte auch ich ein Shooting bei eben dieser Fotografin gebucht und das nur ein paar Tage vor ihrem Termin. Ein Kundenshooting von

Alexandra war ins Wasser gefallen und sie fragte auf Facebook ob jemand in meiner Gegend Lust auf ein spontanes Shooting hätte. Was soll man sagen, ich hatte Lust! Sehr große Lust sogar, wenn man bedenkt, dass ich ihre Fotos absolut vergöttere. Einmal von ihr fotografiert zu werden, war ein geheimer großer Wunsch von mir. Gesagt, getan und auf einmal war alles fix gebucht. Der Termin selbst war ein Traum und auch die Fotos, die ich später bekam, waren der absolute Wahnsinn! Es hatte sich sowas von gelohnt.

Auf jeden Fall hatte mich Anita gefragt, ob ich mir vorstellen könnte, ihr beim Shooting zu helfen, da man mit mehreren Pferden immer zusätzliche helfende Hände gut gebrauchen konnte. Da ich ebenfalls noch einen Kundentermin in der Nähe, hatte ließ sich alles toll verbinden und ich sagte zu. Aber seien wir mal ehrlich, auch wenn ich keinen Termin gehabt hätte, ich wäre gekommen. Einen Tag mehr mit einer professionellen YouTuberin und einer der besten Fotografinnen in dieser Branche darf man sich doch nicht entgehen lassen, oder? Der Tag selbst war dann nicht nur für mich, die ich Mäuschen spielen durfte, sehr spannend, sondern auch richtig gemütlich und lustig. Wir waren so sehr in unsere

Arbeit und die Gespräche vertieft, dass wir auch komplett die Zeit vergessen haben und weit länger arbeiteten als gedacht. Kurz bevor ich schließlich zu meiner Kundin aufbrechen musste, habe ich mit Anitas zweiter Freundin Nici noch über ihr aktuelles Sattelproblem gesprochen. Ich hatte ihr angeboten, mir die Situation mal am Pferd anzusehen, um gemeinsam mit ihr eine Lösung zu finden. Anita hatte das am Rand mitbekommen und sagte gerade heraus: „Ja und wenn du bei der Nici fertig bist, kommst du zu mir und wir gehen eine Runde ausreiten." Im ersten Moment traute ich meinen Ohren nicht. Das hatte nichts mehr mit der Sattelkooperation zu tun oder das ich ihr irgendwo helfen konnte. Das war eine rein freundschaftliche Einladung und ich nahm sie nur zu gerne dankend an! Ich hatte festgestellt, dass mich mit Anita mehr verband als das Interesse zu Pferden. Wir hatten so viele Gemeinsamkeiten und auch einen ähnlichen Blick auf das Leben.

Auf unserem ersten Ausritt bei echt schlechtem Wetter (ar***kalt und ziemlich windig) quatschten wir über Gott und die Welt und lernten uns besser kennen. Doch die größte Überraschung war für mich, als ich am Abend sah, dass sie, ohne das ich sie dazu aufgefordert hatte, meinen

YouTube Kanal auf ihrem Snapchataccount verlinkt hatte und ihre Community aufforderte bei mir vorbeizuschauen. Das pustete mich regelrecht aus den Socken. Wie cool war das denn bitte? An diesem Abend konnte ich zusehen, wie meine Abonnentenzahl in die Höhe schnellte. Das schönste war aber, dass sie in Eigeninitiative gehandelt hatte. Es war eine so gelungene Überraschung, mit der ich nie und nimmer gerechnet hätte. Seitdem stehen wir fast täglich in Kontakt. Meistens werden dabei ewig lange Sprachnachrichten verschickt. In denen wurden schon einige Projekte und Ideen gegenseitig vorgestellt, Probleme diskutiert und Witze über dies und das gerissen. Und jetzt? Mittlerweile ist sie eine meiner besten Freundinnen und nicht mehr aus meinem Leben wegzudenken!

25

Inzwischen war ich komplett im sogenannten Businessleben angekommen. Mit jedem zusätzlichen Monat bekam ich mehr Routine und lernte neue Fähigkeiten, um meine Arbeit noch effizienter zu gestalten. Der Spruch: „Learning by Doing" fand bei mir die volle Anwendung. Albert Einstein (dieses Genie mit dem Zeit-Raum-Zeugs) hat einmal gesagt: *„Die Definition von Wahnsinn ist, immer wieder das Gleiche zu tun und andere Ergebnisse zu erwarten."* Genau das war also meine Mission. Ich wollte für mich selbst kein durchschnittliches Leben. Deswegen probierte ich allerlei Dinge aus. Ich besuchte verschiedene Veranstaltungen, testete Möglichkeiten für Marketingstrategien und tauschte mich mit Menschen aus den verschiedensten Branchen aus.

Ich lernte viel, auch wenn ich nicht jede Idee oder Tätigkeit, von der mir erzählt wurde, als besonders sinnvoll oder clever hielt. Doch auch ich habe einiges an Geld regelrecht verbrannt, aber die Erkenntnisse daraus waren für mich umso wertvoller. Jeder muss seinen Weg finden und ich war gerade auf Abenteuertour. Wenn nicht jetzt, wann dann? Meiner Meinung nach bewegen sich viel zu viele

Menschen in ihrer Komfortzone und verlassen diese nur in äußersten Notfällen. Alles schön und gut, aber in dieser Zone passiert nichts Spannendes! Die tollsten Momente meines Lebens verdanke ich zum größten Teil Dingen, vor denen ich Angst hatte und die mir eine Nummer zu groß erschienen. Also hieß es für mich, Neues ausprobieren, testen und anschließend das für mich passende herauspicken!

Zum Beispiel ließ mir seit meiner Selbstständigkeit das Thema Online Marketing keine Ruhe mehr. Die scheinbar unbegrenzten Möglichkeiten Menschen zu erreichen und automatisierte Systeme einzusetzen um Verkäufe zu generieren, fand ich schlicht genial. Immerhin erstellte man einmal ein Produkt, dass man einmal, zehnmal oder auch hundertmal verkaufen konnte, der Aufwand blieb derselbe. Doch den Nutzen den man anderen bringen kann, wird vervielfältigt. Mithilfe von Anita und meinen Vorbildern aus meinen Podcasts konnte ich inzwischen in diesen Bereich hineinschnuppern. Meine Reichweite hatte sich vervielfältigt und die ersten Interaktionen mit Menschen die mir online folgten, fanden statt. Es war für mich einfach nur verblüffend, wie weite Kreise meine YouTube Videos inzwischen zogen. Bekannte von denen

ich nie im Leben vermutet hätte, dass sie mir aktiv folgen, sprachen mich auf meine Videos an. Anfangs war ich etwas verwirrt, da ich diese Art von Aufmerksamkeit nicht gewöhnt war. Aus der eigenen Sicht spricht man eben nur in eine Kamera und nicht zu hunderten von Menschen. Das größte Geschenk war aber, dass ich auf diesen Kanal wirklich alles tun konnte, was ich wollte. Ich hatte alle Fäden in der Hand und traf jede Entscheidung. Dieses Konzept wollte ich nun auch in meinem „Brotjob" haben.

Bis zu diesem Zeitpunkt war ich zwar selbstständig, bekam aber monatlich meine Provision ausbezahlt. Somit lief noch jede Rechnung über die „Mutterfirma". Das bedeutet einerseits weniger Risiko, aber andererseits auch weniger Freiraum für mein eigenes Gestalten. Ich stellte mir vor meinen Augen wieder meinen „perfekten Tag" vor, den ich schon in einem früheren Kapitel angesprochen habe. Diese Verbildlichung machte mir unter anderem eines ganz klar: „Ich alleine trage die Verantwortung für mein Leben! Es ergibt keinen Sinn, wenn ich darauf warte, dass sich die Umstände vielleicht irgendwann zu meinen Gunsten ändern. Alles, ja wirklich jedes kleinste Detail, habe ich mit meinen Entscheidungen genauso herbeigeführt und nur ich selbst kann auch etwas daran ändern!" Diese Worte hatte ich schon öfter aufgeschnappt, aber es brauchte seine Zeit, bis ich sie wirklich verstand. Hatte ich sie aber einmal verstanden, gab es kein Zurück mehr. Denn bei jeder Situation und war sie auch noch so aussichtlos, fragte ich mich automatisch: „Was kann ICH tun?". Die Dinge passierten manchmal einfach, egal ob gut oder schlecht. Nun konnte ich mich einerseits fragen: „Warum muss ausgerecht mir das gerade passieren?". Damit war ich in der klassischen „Ich bin ein Opfer meiner Umstände"-Haltung. In der genau gleichen Situation konnte ich mich aber auch fragen: „Was kann ich beeinflussen, um die aktuelle Situation zu meinen Gunsten zu verändern?" Als ich anfing, die Dinge so zu sehen, fand ich auf einmal auch immer etwas, dass ich verändern konnte.

Als mich das erste Mal jemand darauf hinwies, dass ich mich in diesem sogenannten „Ich bin ein Opfer meiner Umstände - Modus" befand, war das für mich ein Schlag ins Gesicht. Zu dem Zeitpunkt war ich bereits selbstständig, aber wenn irgendetwas schief ging, versuchte ich mich immer zu rechtfertigen und suchte die Schuld nur selten bei mir. Damit meinte ich auch total im Recht zu sein. Das Blöde ist nur, dass man mit der Verantwortung aber auch seinen Einfluss auf die Situation abgibt. Es haben immer die anderen die Zügel in der Hand. Ich war nur noch Beifahrer. Die liebe Freundin der Familie die mich aber darauf aufmerksam machte, dass dem nicht so sei, hatte mit ihrer Aussage vollkommen Recht. In dem Moment als ich die Worte hörte, spürte ich in meinem Körper eine deutliche Reaktion. Mir kamen die Tränen und mein Magen verkrampfte sich, alles klare Zeichen, dass sie einen wunden Punkt getroffen hatte. In meinem Kopf ratterte es. Auf der einen Seite war in mir die sofortige totale Abwehr und innere Rechtfertigung. Eine leise Stimme sprach aber zu mir, dass sie womöglich doch Recht hatte. War ich wirklich ein „Opfer"?

Lange Rede kurzer Sinn, nachdem sich alles wieder etwas gesetzt hatte und ich in Ruhe darüber nachdenken konnte, schwor ich mir immer nach der Sache zu suchen, die ich in meiner Situation beeinflussen konnte. Um mein Leben selbst zu gestalten, wollte ich öfter nach dem „wie" und nicht nach dem „warum" fragen. So ergab sich für mich der nächste logische Schritt. Wenn ich die Dinge anders handhaben wollte, muss ich dafür sorgen, dass ich mit meiner Firma die nötige Verantwortung trug. Nur wer Verantwortung hatte, konnte Entscheidungen fällen. Nach einem Gespräch mit dem Firmenleiter haben wir uns darauf geeinigt, dass ich in Zukunft nicht mehr auf Provisionsbasis arbeiten würde, sondern meine Waren und Leistungen bei ihm einkaufte. Der gesamte Verkaufsprozess an den Kunden, würde ab diesem Zeitpunkt dann über meine eigene Firma laufen. Das hieß einerseits mehr Verantwortung, aber auch die Freiheit die ich mir wünschte. Nun stand meiner eigenen Gestaltung nichts mehr im Wege!

26

Hattet ihr schon einmal das Gefühl, dass die Dinge, wenn sie einmal begonnen hatten sich zu fügen, immer so weitergingen?

Kaum war die Entscheidung gefällt, in Zukunft Produkte nur mehr einzukaufen, wurden weitere absolute Meilensteine gelegt. Für mich war immer eines ganz klar gewesen: Meine Firma sollte auf Dauer keine One-Man-Show bleiben. Ich wollte Mitarbeiter, Menschen die sich gegenseitig motivieren und inspirieren und mit mir gemeinsam an einer großen Vision arbeiten. Nur fehlten mir dazu zwei Dinge. Die Mitarbeiter und die große Vision. Viele von euch mögen sich jetzt denken, dass man doch Mitarbeiter an jeder Ecke finden würde. Schließlich haben wir ja genug Arbeitslose. Das vielleicht schon, aber ein Mitarbeiter benötigt meiner Meinung nach auch die richtige Einstellung! Mein gesamtes Leben konnte ich noch nie Menschen nachvollziehen, die nur zum „Geld verdienen" in die Arbeit gehen. Eine ganze Woche immer nur auf das Wochenende hinzuarbeiten, kam für mich nie in Frage. In jeder Phase meiner Karriere, in der für kurze Zeit genau das der Fall war, merkte ich, wie es mir körperlich und seelisch miserabel ging. Ein großer Bestandteil, ob ich mich in meinem Job wohlfühlte, machten immer die Menschen aus, mit denen ich zu tun hatte. Sie konnten mich aus jedem Motivationsloch wieder rausziehen oder mich noch viel tiefer in die Grube stürzen. Das alles ist immer eine Frage der Energie, die ein Mensch in sich trug. Jeder von euch selbst wird schon Personen erlebt haben, mit denen jede Arbeit Spaß machte oder aber auch das schönste Erlebnis zur Qual wurde. Wenn ich also an das Thema Mitarbeiter dachte, so sah ich ein großes Menschenlabyrinth vor mir, in dessen Mitte irgendwo der perfekte Mitarbeiter saß. Wie es sich herausstellte, hatte mein Kopf aber einige Kurven zu viel eingebaut. Denn das Beste der Welt lag so nah.

Es startete damit, dass meine beste Freundin Kathrin beschloss, ein Auslandssemester zu starten. So ungern ich sie auch gehen ließ, freute ich mich für sie, denn es würde eine spannende und außergewöhnliche Erfahrung werden. Es verschlug sie in den Norden – nach Estland. Ich persönlich hätte mir ein etwas wärmeres Plätzchen gesucht, aber Geschmäcker sind bekanntlich verschieden. Während eines Telefonates sprachen wir über den Sommer, in dem sie wieder zurückkehren sollte. Eher beiläufig erwähnte sie, dass sie noch keine Stelle für ihr Sommerpraktikum hatte. In diesem Moment kam mir der Geistesblitz und ich fragte sie sofort, ob sie nicht Lust hätte bei mir zu arbeiten. Sie ist eine der meist motivierten und kreativsten Personen, die ich überhaupt kenne und eine Mitarbeiterin auf Zeit, wäre auch der perfekte Test für mich. Sie war sofort hellauf begeistert. Nun konnte ich es endgültig nicht mehr erwarten, bis sie endlich wieder nach Hause kommen würde.

Ziemlich zeitgleich ergab sich noch eine weitere wunderschöne Sache, mit der ich noch viel weniger gerechnet hätte. Der Osterhase hatte dabei höchstwahrscheinlich seine Finger mit im Spiel, anders konnte ich mir das sonst nicht vorstellen. Denn genau am Ostersonntag stand die traditionelle Verwandtschaftsfeier an. Anders als viele andere in meinem Alter, freute ich mich auf diese Treffen. Der Spaß kam nie zu kurz und ich hatte an diesen Abenden meistens nicht nur einmal einen kompletten Lachflash. Eine der Personen auf dich ich mich immer am meisten freute, war meine Cousine Carina. Sie war ein ebenso verrücktes Huhn wie ich und so ähnlich sich unserer Seelen auch waren, umso unterschiedlicher war unser äußeres. Während Carina mit ihrem Outfit und

Make-up immer top gestylt war und dir wahrscheinlich spontan mindestens fünfzig verschiedene Varianten aufzählen konnte, wie man sich die Fingernägel lackierte, war ich das genaue Gegenteil. Meine Varianten waren entweder Fingernägel lang und dreckig oder komplett kurz und möglichst pflegeleicht. Personen die uns nur oberflächlich betrachteten, wären wahrscheinlich nie auf die Idee gekommen, dass wir beide uns so gut verstanden. Aber eine gemeinsame Kindheit und jede Menge Blödsinn im Kopf verband uns auf eine ganz besondere Weise. Genau diese Cousine teilte mir auf eben diesem Treffen mit, dass sie gemeinsam mit ihrem Freund Florian ein eigenes Gewerbe angemeldet hatte. Sie konnte dort ihre Leidenschaft im Gestalten und Zeichnen ausleben, sowie Flo seine Liebe zur Fotografie. Die Website war schon komplett fertig und ich war begeistert. Nun muss man dazu sagen, dass Carina Chemie studierte und ihr Freund Jura, eher unkreative und sachliche Studienfächer. Die Arbeiten, die sie mir zeigte, waren aber schlichtweg atemberaubend und mit so viel Liebe zum Detail gestaltet. Für sie war das einfach nur ein Hobby, ein Zeitvertreib und ein Ausgleich zu ihrer sonst so faktenorientierten Welt. Ich allerdings sah das große Potential, dass sie hatte. Sofort sprach ich sie an, ob wir nicht Kooperationen starten

wollten, da ich grafisch auf Dauer unbedingt Unterstützung brauchte. Sofort waren wir alle drei Feuer und Flamme, denn wir erkannten, dass wir mit unseren jeweiligen Talenten so viele Möglichkeiten hatten. Jeder würde seine Stärken optimal ausleben können.

An diesem Tag fuhr ich innerlich selig nach Hause. Vor kurzer Zeit hatte ich noch keinen blassen Schimmer, wann ich meine ersten Mitstreiter haben würde und nun hatte ich drei so liebevolle und tolle Menschen um mich, die mich unterstützen wollten. Man musste oft nur mit offenen Augen durch die Welt gehen, damit man all die tollen Möglichkeiten um sich herum entdecken konnte.

27

Eine Sache fehlte aber noch – die Vision! Bis jetzt hatte ich immer anderen dabei geholfen, ihre Vision zu verwirklichen. Ich hatte immer für andere Produkte verkauft und hatte meinen eigenen Kreationen keinen Platz gegeben. Mein Problem war, dass ich nicht wusste, was ich machen wollte. Was war meine große Leidenschaft? Was war für mich ein Grund jeden Tag mit Freude aufzustehen und mein Ding durchzuziehen? Was mir fehlte war ein „Warum". Einen unerschütterlichen Antrieb, der von innen heraus wirkte. Doch wie findet man sein „Warum"? Eins war mir schnell klar: Man findet es nicht auf der Straße. Es liegt nicht herum und wartet darauf von dir gefunden zu werden. An einem „Warum" muss man arbeiten und immer wieder feilen. Schon die gesamte Zeit meiner Selbstständigkeit begleitete mich dieser Findungsprozess und mit jedem Tag der verging, kam ich der genauen Definition näher. Ich machte mir Gedanken darüber, was mich ausmachte. Wo lagen meine Stärken? Was erfüllte mich an meiner Arbeit am meisten? Vor meinem inneren Auge ließ ich viele unterschiedliche Arbeitstage vorbeiziehen. Analysierte meine größten Glücksgefühle, die ich erlebt hatte und versuchte herauszufinden, warum sie mir so viel bedeuteten. Mit der Zeit begann ich zu begreifen, dass anderen zu helfen immer eine große Rolle spielte. Sogar an Weihnachten hatte ich immer mehr Freude daran zu sehen, wie andere ihre Geschenke aufmachen, als meine eigenen zu öffnen. Doch besonders glücklich machte es mich, wenn ich sah, dass ich Mensch und Tier helfen konnte. Das war genau das, was ich bei meiner Arbeit mit den Sätteln so toll ausleben konnte. Mit einem gut passenden Sattel war Reiter und Pferd geholfen und sie konnten sich wieder als eine funktionierende Einheit bewegen.

Allerdings sah ich aber auch, dass manche Pferde versuchten, ihren Menschen etwas Wichtiges mitzuteilen und diese es einfach übersahen. Entweder sie wollten nicht zuhören oder sie wussten es nicht besser. Beides konnte fatale Folgen haben. In meinem Leben sollten also die Aufklärung und das Vermitteln von Wissen eine wichtige Rolle spielen. Pferde, aber auch alle anderen Tiere auf dieser Welt, waren so wundervolle Geschöpfe, die es verdient hatten, gehört zu werden. Wie toll wäre es, wenn man selbst als Dolmetscher fungieren könnte, so dass die Kommunikation zwischen Tier und Mensch wieder funktionierte? Im Umgang mit meinen zahlreichen Pferden

haben mir selbst viele Trainer und Lehrer die Augen geöffnet. All diese Erfahrungen wollte ich weitergeben. Ebenfalls hatte ich bemerkt, dass viele meiner Follower ähnliche Träume und Wünsche hatten. Sie wollten beruflich mit Tieren arbeiten. Doch viel zu oft hatten sie keine Ahnung, wie sie die Dinge anpacken sollte oder trauten sich nicht, ihre Berufung zu leben. Meiner Meinung nach gab es viel zu wenig Menschen, die sich der Arbeit mit Tieren verschrieben hatten und noch viel weniger, die das Tier an die erste Stelle setzten. Um also einen tatsächlichen Unterschied zu machen, konnte ich selbst mein Wissen weitergeben, aber es war noch viel effektiver anderen zu zeigen, wie sie es schaffen könnten. Den Einfluss, den diese Arbeit haben könnte, geht beinahe ins unermessliche. Darum habe ich mich entschlossen, meine Social-Media-Kanäle umzubenennen. Ich hatte bis jetzt immer das Gefühl, eine Pferdebloggerin von vielen zu sein, doch jetzt hatte ich ein klares Ziel. Mit dem Namen „Animental Vibes“ ging es jetzt in diese neue Richtung!

Ich bin überzeugt davon, dass viele einfach nur einen kleinen Schubs brauchen, um ihr eigenes Ding zu starten und sich selbst erfolgreich zu vermarkten. Meinen Erfolg nicht mehr an meinen Leistungen zu messen, sondern am

Erfolg anderer ist eine völlig andere und ungewohnte Sichtweise, aber es fühlt sich nach einem tollen „Warum“ an!

28

Wenn ich eines niemals gedacht hätte, dann dass sich die Verbindung zu seinen Tieren so stark verändern kann, wenn sich die eigene Energie ändert. Mit jedem Schritt, der mir selbst Klarheit brachte, spürte ich auch, wie die Beziehung zu Ruby noch inniger wurde. Mittlerweile kannten wir uns in und auswendig und das spiegelte sich in unserer eingespielten Routine wieder. Jeder wusste, was er vom anderen zu erwarten hatte und konnte sich darauf auch vollkommen verlassen. Das perfekte Beispiel dafür war unser Working Equitation Lehrgang. In dieser Pferdesportart geht es darum, sein Pferd nicht nur in einer Dressurprüfung, sondern auch in einem Geschicklichkeitsparcours vorzustellen. Ursprünglich beinhaltete die Wertung auch noch eine Prüfung im Rindertreiben, aber in Österreich gab es dafür zu wenige dauerhafte Trainingsmöglichkeiten. Dieser Sport stammt ursprünglich von der spanischen Arbeitsreitweise ab und das Ziel soll ein einhändig gerittenes Pferd sein, dass alle Reiterhilfen perfekt und flüssig annimmt und umsetzt. Von der Perfektion waren wir noch weit entfernt, aber ich wollte mit Ruby genau diesen Sport probieren. Deswegen nahm ich spontan an einem Lehrgang in der Nähe teil. Ich war etwas aufgeregt, da ich komplett alleine hinfahren würde. Bis jetzt merkte man meinem Pferd die Nervosität immer deutlich an, wenn es auf den Pferdeanhänger und aus dem gewohnten Stall hinausging. Die Vorfreude überwog aber deutlich, denn ich hatte das Gefühl, dass diese Sportart uns wirklich Spaß machen würde. Ruby war ein Pferd, dass mit Kopf beschäftigt werden wollte. Einfach nur ihre Runden am Reitplatz zu drehen, war ihr viel zu öde. Wenn sie mitdenken konnte und wir zusammen eine Aufgabe lösten, war sie stets mit vollem Einsatz dabei und gab sich die größte Mühe, um alles richtig zu machen. Die Anreise verlief noch etwas holprig. Das Einsteigen in den Pferdeanhänger war doch jedes Mal etwas gruselig, auch wenn sie beim Fahren selbst im Anhänger stand wie eine Eins. Als wir aber am Hof ankamen, war das alles vergessen und beim Kurs war sie das zuverlässigste Pony auf dem Planeten. Kaum fing ich an, sie für den Ritt fertig zu machen, war sie total bei mir. Bis jetzt zog sich die Nervosität von ihr immer noch eine Zeit in das Reiten hinein, bis sie sich mit der neuen Situation zurechtfand. Erst wenn ich begann, sie gedanklich zu fordern, wurde sie ruhiger, da sie durch die Konzentration ganz vergaß, dass sie eigentlich nervös war. An diesem Tag war das anders. Ich konnte alles sofort abrufen. Mein Stolz, so ein tolles

Pferd zu besitzen, war riesengroß. Mir wurde klar, dass wir beide uns über die Jahre weiterentwickelt hatten. Mit der wachsenden Sicherheit die wir uns gegenseitig schenkten, wuchs auch die Gelassenheit und Zuversicht.

Die Hindernisse waren teilweise sehr anspruchsvoll. Nicht jedes konnten wir gut bewältigen. Doch statt mich zu ärgern, grinste ich über beide Backen. Denn es zählte nicht, dass was wir nicht konnten, sondern die vielen Übungen, die wir richtig gut machten. Mit regelmäßigem Training und viel Geduld kann man einem Pferd so ziemlich alles beibringen. Zu glauben, dass man alles an einem Wochenende schaffen würde, wäre schlichtweg utopisch. Doch wir haben einen ersten Schritt in diese Richtung gemacht. Für mich ein absoluter Meilenstein. Wenn wir uns gegenseitig so viel Sicherheit gaben, dass wir in jeder Situation entspannt waren, stand uns die Welt offen. Ein absolutes Highlight gab es aber doch für mich. Wir haben unsere ersten richtigen Sprünge gemacht. Zuhause sind wir ab und zu über ein Cavaletti (das ist ein klitzekleines Hindernis) gesprungen, aber das waren eigentlich eher größere Galoppsprünge, als tatsächliche Sprünge. Ich war neugierig, ob Ruby das mitmachen würde. Sicher war ich

mir nicht, denn woher sollten sie das denn können? Ich ritt den Sprung das erste Mal im Trab an. Sollte mein Pferd sich plötzlich doch dafür entscheiden vor dem Sprung lieber stehen zu bleiben, wollte ich keine Vollbremsung hinlegen. Wir visierten den Sprung an und ich machte mich auf alles gefasst - völlig unbegründet. Mit einem gigantischen Satz flog sie über das Hindernis, dass mindestens doppelt so hoch hätte sein können, mit dem gewaltigen Sprung, den sie gemacht hatte. Ich blieb auf ihrem Rücken sitzen, auch wenn es etwas wackelig war. Dass sie ohne zu meckern gesprungen war, hatte mich überrascht. Also probierten wir es gleich nochmal. Dieses Mal wusste ich was kommen würde und dementsprechend klappte es auch viel besser. Ruby sprang, zwar wieder viel zu hoch, aber sicher ist sicher, und ich konnte dieses Mal schön mit ihrer Bewegung mitgehen. Was war das nur für ein Gefühl! Jeder der das Gefühl berauschend fand, wenn man bei einem Auto mal so richtig aufs Gaspedal drückte, hätte ich geraten, es auszuprobieren, wenn ein Pferd unter einem so richtig loslegte. Die förmliche Explosion der Muskelkraft, die man nur bedingt beeinflussen konnte, ist majestätisch. Leute, das war ein Kick! Da brauchte ich auch keine Maschine, die nur genau das tat, was ich ihr sagte.

Denn nur ein Pferd schaffte es eine Bandbreite an Gefühlen auszulösen, die manche mit ihren Mitmenschen niemals erleben.

Da ist Freude und Stolz, wenn alles stimmt und passt.
Dankbarkeit, wenn das Pferd dich vorzieht,
anstatt zu seiner Herde zu gehen.
Wut, wenn etwas nicht klappen will und du ganz genau weißt,
dass dein Pferd es kann, nur du selbst kriegst es nicht hin.
Frust, wenn etwas zehnmal funktioniert und dein Pferd beim
elften Mal beschließt, dass wir wieder von vorne anfangen.
Angst, wenn du einen Anruf vom Stall bekommst
und du weißt, dass etwas passiert war.
Euphorie, wenn der Wind dir auf der Galoppstrecke
um die Ohren bläst.
Doch es ist die Liebe und das Vertrauen, die einem in jedem
noch so kleinen Moment erfüllt,
wenn man sich einen Schritt näherkommt.
Wenn dein Pferd nur für dich seine Angst überwindet oder zu
dir kommt, weil es von dir berührt werden will. Diese Perlen
gemeinsamer Zeit sammelt man in seinem Herzen, denn sie
sind des Reiters größter Schatz.

Was ich dir noch mitgeben möchte...

Wir sind jetzt im Sommer 2018 angelangt. Vielen Dank, dass du dieses Buch bis zu Ende gelesen hast. Denn du warst nun auf meiner Reise dabei und hast gesehen, welch großes Geschenk meine Stute Ruby für mein Leben war und ist. Es wurde von ihr komplett umgekrempelt und ich danke ihr jeden Tag dafür. Sie hat ein Herz aus Gold und ich versuche, so gut wie möglich darauf Acht zu geben. Durch sie habe ich eine Vision für mein Leben bekommen. Die Vision, nach der ich mein Leben in Zukunft ausrichten möchte, denn Tiere sind eine so große Bereicherung für unser aller Leben und wir sollten jeden Tag mit ihnen genießen.

Vielleicht hast du dich in dem ein oder anderen Kapitel wiedererkannt oder ich konnte dich zum Nachdenken anregen. Es wäre wundervoll, wenn ich dir eine Inspiration war. Wenn du selbst deinen Traum leben möchtest, dann sei dir bewusst. Es geht nichts von heute auf morgen. In meinem Buch hast du gelesen, wie viele Höhen aber auch Tiefen ich hatte. Sie gehören nun einmal dazu. Wichtig ist nur, dass du immer weitermachst und vielleicht hast du so wertvolle Menschen wie ich um dich herum, die dich

unterstützen. Ich erhoffe mir für dich, dass du dein Leben als Abenteuer siehst und beginnst, jeden Tag als große Chance zu sehen. Selten gibt es den „perfekten" Zeitpunkt, um die Dinge anzugehen, aber wie wäre es, wenn du heute damit anfängst?

Wenn ich in mich hineinfühle, dann spüre ich eine große Vorfreude auf die Zukunft. Ich bin mir sicher, dass noch unendlich viele großartige Dinge auf mich warten. Genau so soll es auch dir ergehen und das jeden Tag. Es wäre so toll, wenn du mir deine Gedanken zu diesem Buch schreiben könntest, meine Kontaktdaten findest du auf den folgenden Seiten. Ich wünsche dir, dass du dein Ding machst, jeden Tag bewusst lebst und das du etwas findest, für das es sich zu kämpfen lohnt!

Am Ende bleibt mir nur mehr eins zu sagen –
Fang an dein Leben zu leben!

Deine Christina

Du willst beruflich mit Tieren total durchstarten und möchtest dafür meine Hilfe?

Dann besuch mich doch auf meiner Website:
www.animental-vibes.com
Und vereinbare deinen Coaching-Termin

oder

komm in meine KOSTENLOSE Facebookgruppe und hol dir EXKLUSIVEN Content und tausche dich mit anderen aus!
https://bit.ly/2PzaUQ6

Ich freue mich auf dich!

Du findest mich auch auf...

YouTube
www.youtube.com/animentalvibes

Instagram
www.instagram.com/animental_vibes

Facebook
www.facebook.com/animentalvibes

Lass mir doch einen Like da und begleite mich auch in Zukunft bei meinen Abenteuern!